FIRST GRADE

入学準備から入学後の学校生活まで
「困った」「不安」をまるごと解決

いちねんせい
になったら
大全

小学校教師ハチ

KKロングセラーズ

プロローグ——なぜ「入学前後」の今が大事か

1年生の今がいちばん大切です

もうすぐお子さんの小学校入学を控えているお母さん、お父さん。お子さんが小学校に入るのを楽しみにしていることでしょう。一方で、不安や心配もたくさんありますよね。

何事も**「はじめが肝心」**といいますが、小学校もまさにそう。スタートラインに立つ1年生がいちばん大切なのです。なかでも本当に重要なのが、「4月・5月・6月・7月」の4カ月。この4カ月で、学校の生活に慣れ、勉強の仕方を一つずつ覚えていきます。そして夏休み前までには、自分でできることがだいぶ増えていくんです。たった4カ月なのに、すごいと思いませんか。

なぜ「はじめが肝心」なのか、具体的にポイントを挙げると、以下の2つがあります。

・**書き順**

くわしくは「入学前にやっておいたほうがよいこと 学習編」でお話ししますが、ここではなぜこの2つが大切なのかお話ししますね。

どちらにも共通しているのが、**「後から修正するのが難しい」**ということ。

私は以前、中学校でも教えていましたが、後になればなるほど、リカバリーが難しいことを目の当たりにしてきました。中学生になったら、小学生の勉強をはじめから復習している余裕はありません。

・鉛筆の持ち方

書き順は、その文字を速く、きれいに書くためにあります。最初の段階で「書き順は守らなくていい」と言ってしまうと、ひらがな、カタカナ、漢字の書き順がすべてメチャクチャになります。

鉛筆の持ち方も同じです。持ちやすい持ち方でいいよとなると、筆圧が強かったり、弱かったりして、字の形を整えて書くことができなくなります。

書き順や鉛筆の持ち方なんて気にしないと思いがちですが、**文字を正確に速く書くことは、学習の理解のスピードにもつながります。**

ここをいい加減にしてしまうと、**書き順や鉛筆の持ち方にとどまらず、すべてのことがいい加減になってしまうのです。**

子どもは大きくなるにつれ、プライドも出てきます。中学生になってから九九をやり直す、小学生の漢字をやり直すということはプライドを傷つけることになり、とても嫌がります。

小学1年生の最大のメリットは、時間に余裕があることです。できなくてもやり直す時間があるのです。そして、〝はじめて〟のことにたくさんぶつかる時期なので、何かができなくても、まだ恥ずかしくない時期。学年が上がれば習い事や塾などやることが増え、やり直す暇もありません。友だちとの比較もし始めるので、失敗を恐れてしまう子も。

だからこそ、**1年生のうちにゆっくり時間をかけて、基本を身につけていくことが重要なのです。**

「やっておくとよいこと」はあくまでも目安です

とはいえ、**無理に勉強を先取りする必要はありません。**小学校入学までにひらがなを全部書けるようにしておかなければと家庭学習している方や、ひらがなのワークブックに取り組んでいる幼稚園や保育園もあると聞きます。

小学校では、ただひらがなを書く、ということだけではなく、「字の形を整えて書く」ことを教えます。字の形を整えて書くことは、そのまま鉛筆の持ち方や筆圧にもつながります。ただ、適当に教えてしまうと、後で修正するのに手間がかかります。

教師は、教えることのプロです。ですから、焦って無理に先取りをしなくても大丈夫です。

入学前に行われる説明会で学校側から学習面や生活面で「入学までに◯◯できるようにしておいてください」と言われることがあります。以前、Instagram でお母さんから、「もし入学までにできなかったら、初日に担任の先生に伝えたほうがいいですか」と質問されたことがありました。でも、大丈夫です。**やっておいたほうがよいこと、できるようにしておいたほうがよいことは、あくまでも目安。**本書でもこのあと、入学前までにやっておいたほうがよいことを紹介しますが、**全部完璧にやろうとか、真**

剣にやらせなければ、などと決して思わないでくださいね。

年長さんになると、自分のことはある程度自分でできるようになっているとは思いますが、個人差もありますし、成長度合いも違って当然です。

困ったこと、わからないことがあれば、担任の先生に気軽に相談してください。毎日のように先生と顔を合わせていた保育園・幼稚園と違って、なかなか会う機会はないので、連絡帳も上手に活用してくださいね（このことは後で触れます）。

焦らなくて大丈夫！ １年かけてゆっくり１年生になろう

入学に向けていろいろな準備をしなければならないこの時期、幼稚園や保育園のママ友から「ひらがなは全部書けたほうがいいんだって！」「ある程度、泳げるようにしておかないと小学校に入ってから大変らしい」「１ケタのたし算はできるようにしておかないと」などという噂が飛び交うことがあります。

「えっ、うちの子できてない！」などと心がざわざわして、焦ってしまいますよね。

繰り返しになりますが、**完璧な状態で入学する必要はまったくありません。**

たとえばひらがななら、最初のうちは1時間の授業で一文字ずつ教えます。国語の時間は、書写も含めれば1年生は週9時間あります。高学年になると、ここまで確保できなくなります。

算数は積み上げの教科なので、先取りすることよりも大切なのは、一つひとつの授業で習ったことをきちんとできるようになること。実は算数では、新しい内容を習うのは小学2年生くらいまで。それ以降は、1、2年生で習ったことの積み上げでしかないのです。最初が肝心とお伝えしているのはそういうわけで、先取りするよりもやったことを復習するほうがずっと大切です。

学習面だけではありません。席にじっと座っていられなかったり、片づけができなかったり、忘れ物をしたり。小学校に入ったからといって、すぐになんでもできるようになるわけではありません。

だから、焦らないで。**1年かけてゆっくり1年生になっていきましょう!**

◎いちねんせいになったら大全／もくじ◎

入学前にやっておいたほうがよいこと 学習編

少しずつ準備しよう

わかっていると安心　小学1年生のよくあるつまずき　学習編

国語

★本文中の商品の情報は2024年11月現在のものです。

いまからでも間に合う

入学前にやっておいたほうがよいこと 日常生活編

【実は、大切なのは学習面よりも生活面】

入学したらすぐに教科書を開いて授業が始まると思っているお母さん、お父さんは多いのではないでしょうか。実際は、入学してしばらくは学校の決まりごとを教えたり、学校での生活の仕方に慣れることに時間をとっています。

まずは小学校の生活に慣れることが最優先！　椅子の座り方から返事の仕方、授業での発言の仕方まで、一つひとつ丁寧に教えていきます。ご家庭でも、入学前の2月3月くらいから、小学校での生活に慣れるための準備を少しずつ始めていただけると安心です。

はやね・はやおき・あさごはん 朝の支度は自分でやろう！

「はやね・はやおき・あさごはん」は、幼稚園や保育園に通っているお子さんなら、できている子が多いかもしれません。「練習なんて必要なの？」と思われるかもしれませんが、小学校に入ると大きく違うことがあります。

それは「朝の支度を自分でする」ということです。

幼稚園や保育園では、お母さんやお父さんがほとんど準備をしていたのではないでしょうか。間に合いそうもないときは服を着せ、食事を食べさせ、トイレに行くように声をかけ……。でも小学生になったら、自分のことは自分でできるようにしなければなりません。もちろん、慣れるまではお母さん、お父さんが一緒にやってあげてくださいね。

ポイントは、**朝、家を出る時間から逆算して、朝の支度の練習をすることです。**「逆算する」なんて子どもにはまだまだ早い、と思われるかもしれませんが、これができないと遅刻することになってしまいます。

まだ時計が読めないお子さんがほとんどでしょうから、まずは十分な余裕を持った時間に起き、「このテレビ番組が終わったら家を出るよ」とか「(好きな音楽を流しておいて)この曲が終わるまでにパジャマを脱いで、服に着替えよう」などと声をかけてあげましょう。

焦る必要はありませんが、小学校に入る前の2月ごろから、少しずつ練習しておくと良いですね。

1人でトイレに行き、うんちを自分で拭けるようにしておく

実はお母さんやお父さんを悩ますのが、トイレ問題です。トイレに1人で行けるのは良いとして、お子さんはうんちのとき、自分できれいにお尻を拭けるでしょうか。「家以外の場所でうんちができない」というお子さんもいます。でも、もし学校で便意をもよおしてしまったら、我慢できずに「うんちをもらしちゃった！」なんてことにもなりかねません（↓「困ったことを言えるようになろう」30ページ参照）。

もう1つ問題なのが、「和式トイレ問題」。実はまだまだ小学校には、和式トイレが存在するところがあり、全国の小学校の3割ぐらいで和式トイレが使われていると聞いたこともあります。

「和式トイレを使ったことがない」
「そもそもしゃがむことができない」
という声も。洋式トイレの経験しかなく、家でも椅子に座る生活をしていることが多いお子さんは、しゃがんで排泄できなかったり、便器の中におしっこやうんちをすることができず、はみ出してしまったりします。

また「和式トイレを練習したいけど、練習する場所がないんです」というご相談も受けます。たとえば公園や神社などのほか、大型のショッピングモールなどには、きれいな和式トイレがあるところも多いようです。おじいちゃんおばあちゃんのいるご実家にあるという人も。便器から排泄物がはみ出さないように、**「和式トイレにしゃがむときは、できるだけ前のほうにしゃがんでね」**と伝えておくことも忘れずに。

もしどこにもない場合は、しゃがむ練習だけはしておいたほうが良いでしょう。年長くらいの時期から、**お風呂に入ったときなどに一緒にしゃがむ練習をするのもおすすめです。**

椅子に座る姿勢の基本は「ぐー・ぺた・ぴん・さ」

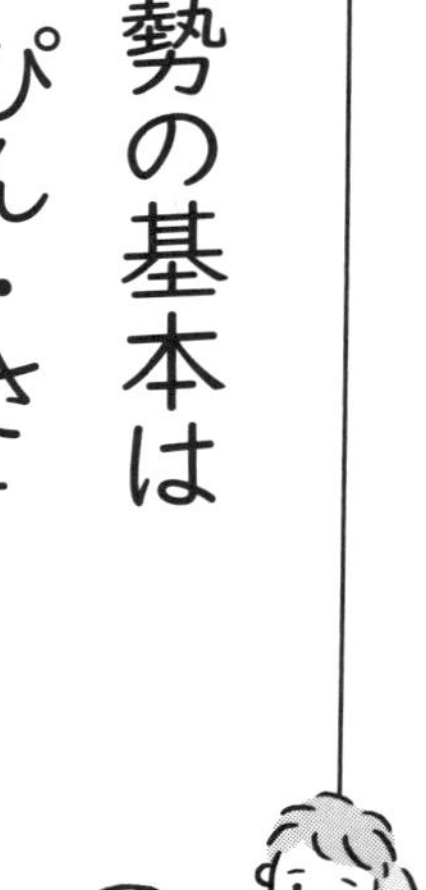

入学したら、椅子に正しい姿勢で座れることも大切。正しく座る練習方法として私が実践している方法をお伝えします。**合言葉は「ぐー・ぺた・ぴん・さ」**。

ぐー……お腹と背中の間にぐー（握りこぶし）1つ分空ける。

ぺた……足の裏を床にぺたっとつける。机の高さ、椅子の高さも大事！

ぴん……背筋をぴんっとのばす。

さ……利き手でないほうの手でさっと紙を押さえる（字を書くとき）。

ご家庭でも練習できますが、よく話題にのぼるのが、「学校と同じ椅子がほしい」ということ。リビングの椅子やソファでは練習できないので、学習机の椅子があれば

そこで練習してみましょう。なければ、図書館などもおすすめです。

椅子の高さによっては、床に足の裏がつかない場合があるため、段ボールや雑誌を足の裏の下に置いて、高さを調節してみてください。

また、授業中に45分間ずっと座っていられるか心配されるご家庭も多いのですが、大丈夫です。とくに1年生の最初のうちは、座りっぱなしにならないように工夫しています。学校の中を回ったり、音読で立って読ませたり、グループで活動させたり。

授業というと椅子に座ってずっと話を聞くと思われがちですが、学校では想像以上に活動的に過ごしていますよ。

合言葉は
「ぐー・ぺた・ぴん・さ」
お腹と背中は「ぐー」
ひとつぶんあけてね
背筋は「ぴん」と
書くときは「さ」っと
紙をおさえてね
足は床に「ぺた」
とつけてね

話す人の目を見て話が聞けるようになろう

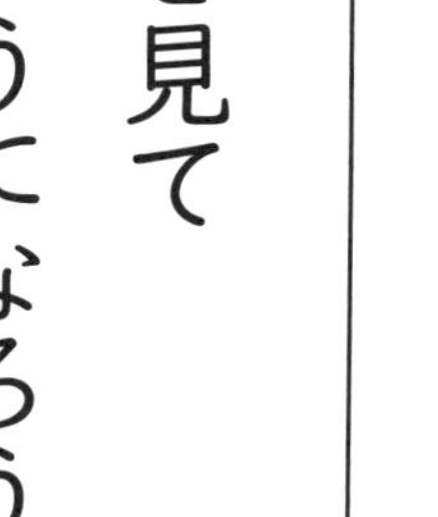

「話す人の目を見て話を聞く」。**これは、〝最重要事項〟と言っても良いものです**。小学校が幼稚園や保育園と違うのは、子ども1人に対する先生の人数が少ないことです。先生1人対子ども35人ということも。だからこそ、**先生の目を見てきちんと話を聞いて、それを理解して自分で動けるということは、とても大事になってきます。**

たとえば学校では、こういう指示があります。

「プリントができた人から前に持ってきてください。そうしたら塗り絵をしても良いですよ。それから本を読んでも良いです」

この指示、1年生には理解ができません。長い文章のなかに、いくつも指示を入れ

ても、子どもたちは聞いていません。一つひとつ指示する必要があるのです。「プリントができた人は前に持ってきます」「終わった人は塗り絵をしましょう」「塗り絵も終わったら、本を読んでも良いですよ」というように。

ご家庭ではまず、家のお手伝いを頼むなど、短い簡単な指示が理解できるか試してみましょう。できたら、少しずつお願いごとを増やしていきます。

「台所にあるお皿を食卓まで運んで」「棚の下にあるゴミ袋を取ってきて、リビングにあるゴミ箱のゴミを入れて」などなど。家のお手伝いにもなって、一石二鳥ですよ。

「おはよう」「さようなら」「ありがとう」「ごめんなさい」を言えるようにしておこう

名前を呼ばれたら「はい」と元気に返事をすること。これは幼稚園や保育園でもやっているかもしれません。返事をするということは、意思表示をするということなので、ぜひできるようにしておきましょう。

「おはよう」「さようなら」は、大人がお手本を見せていきたいところです。幼稚園や保育園で先生に挨拶をする姿、親同士で挨拶をする姿を子どもは見ています。できれば顔見知りではないお母さんお父さんと会ったときも、挨拶する姿を見せてあげてほしいと思います。

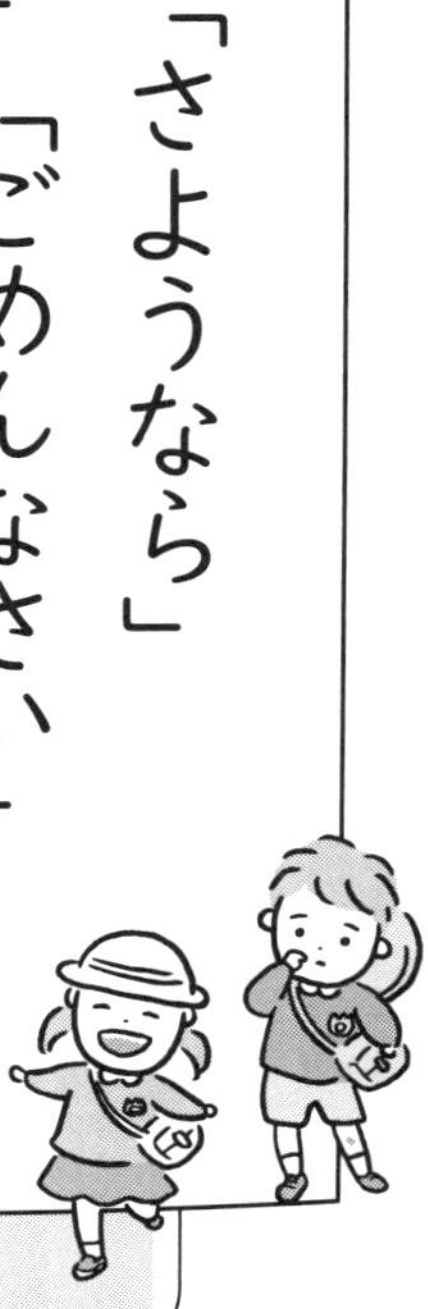

「ありがとう」「ごめんなさい」も同じです。

よく、お母さんやお父さんが子どもに「ありがとう」を言わせたくて、「こういうときは何て言うんだっけ？」とわざと問いかけるときがありますね。これでは子どもに強制的に言わせてしまうことになります。本当はそうではなくて、**どういう場面で「ありがとう」や「ごめんなさい」を言うのか、大人である私たちがお手本を見せていきたいですね。**

学校で子どもたちを見ていると「ありがとう」を自然に言える子がいます。「ありがとう」を言うタイミングもとても自然なのです。そういうお子さんは、親の姿を見て学んでいるのかもしれませんね。

服の脱ぎ着の練習をしておこう

幼稚園などでは、体操服を着る日は、あらかじめ朝から体操服を着たまま登園できるところがほとんどだと思います。一方、小学校では、体育がある日は学校で体操服に着替えることが多いです。

わずかな時間内で体操服に着替える必要があるため、ご家庭で洋服の脱ぎ着の練習をしておくと安心です。

小学校の体操服は、入学前か、授業が始まる前までに購入するはずですので、ご家庭で

「服を脱いで体操服を着る→脱いだ衣類を簡単にたたむ→体操服を脱いで服を着る」

の一連の流れを練習しておきましょう。小学校の体操服をまだ購入できていない場合は、幼稚園などの体操服があれば、それを使って練習しておいてもＯＫです。

相手の嫌がることはしない＆嫌なことをされたら相手に「やめて」と言おう

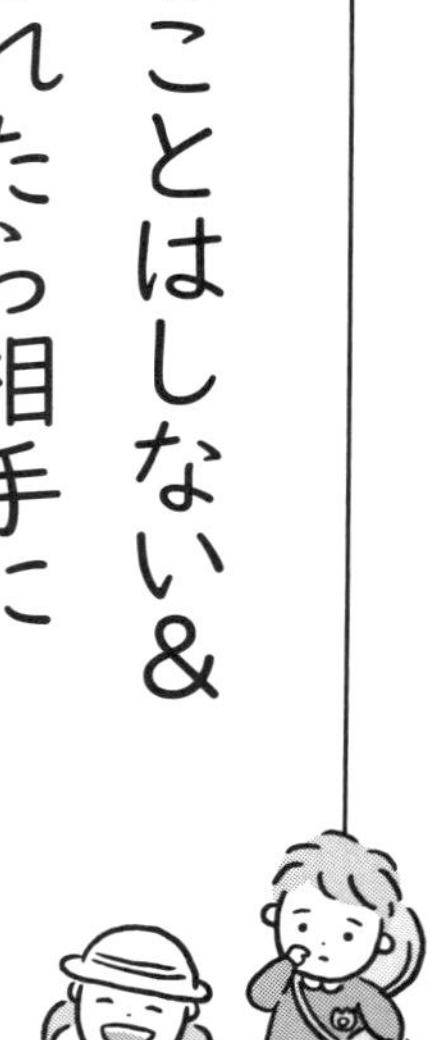

小学校1年生では、「相手の嫌がること」＝「手が出てしまうこと」であることが多いものです。子どもはまだ大人のように、言葉でうまく気持ちを表現できないため、つい相手を叩いたり押したり、手が出てしまうことがあるのです。

家庭できょうだいゲンカをしてしまったときや、保育園や幼稚園、公園などで友だちとトラブルになったときなどに、言葉で伝える練習を繰り返しさせてみましょう。

……とはいっても難しいですよね（笑）。

学校でも、少しずつ言葉で伝えることを教えていきますので、ぜひ一緒にやっていきましょう。叩いたり蹴ったりするのは、理由があることがほとんどです。「なぜそうしてしまったのかを言葉で言ってほしい」と教えています。心配なことがあれば、遠慮なく相談してください。

同時に、嫌なことをされたら相手に「やめて」と言えるようにしておくことも大切です。相手に「やめて」と言われなければ、「やってもいいかな」と思ってしまうのが、小学校1年生くらいの子どもです。**もし相手に直接「やめて」と言えなければ、先生に言えるようにしておけると良いでしょう。それもなるべくすぐに**！

なぜかというと、先生が現場を見れば、その場で指導ができるからです。自分で言えずに、後から連絡帳を通してご相談があることもあります。**もちろんそれでも対応できますが、その場で解決できたほうが早く、子ども同士の学びにもなります。**

ご家庭では、「嫌なことをされたら我慢しないで〝やめて〟と言っていいんだよ」「先生に言っていいんだよ」「どうしても言えなかったら、お母さんやお父さんに言ってね」と伝えておきましょう。

授業中に「トイレに行きたい！」困ったことを言えるようになろう

前項にも通じますが、困ったことがあったら言えるようになっておくと、小学校生活はのびのび過ごせます。

低学年の困った！　でまず思い浮かぶのが、授業中にトイレに行きたくなったとき。

教壇から見ている私たちも、「体調が悪いのかな」「様子がおかしいな」と気づくこともありますが、何せ1人対35人なので、なかなか気がつかないこともあります。できれば、自分から申し出てほしいものです。とくにおとなしいタイプのお子さんの場合、教師も気にかけるようにはしていますが、今後のことを考えると、困ったことを自分から言えるようになってほしいと思います。

トイレに限らず、それが「何か困ったことがあったら相談する」姿勢につながるのです。

困ったことを言えないタイプのお子さんは一定数います。ご家庭では、相談する練習をする前に、もっとその根っこにある「どうして言えないのかな」という理由を一緒に考えていただければと思います。たとえば挙手をしたり声を出したりするのが恥ずかしいのであれば、どうしたら先生に伝えられるか考えて、練習してみましょう。**「恥ずかしいことは絶対にないし、困ったことは口に出していいんだよ」と繰り返し伝えてください。**

なお、授業中にトイレに行きたい場合は、黙って挙手をしても良いですし、その場で席を立って先生のそばに行き、小さい声で伝えるケースはよくあります。そうした方法も教えてあげると良いですね。

「一緒に遊ぼう」と友だちを誘うことと同じくらい断り方も大事

小学校に入ったころの子どもたちの中にはまだ、友だちの「誘い方」や「断り方」がわからない子たちがたくさんいます。幼稚園、保育園のころはなんとなく遊べていたけれど、小学校になると「授業」と「休み時間」といったように、遊ぶ時間が決まっています。

誘い方はシンプルに「一緒に遊ぼう」でOK。やっぱり友だちを作るコツは、これなのです。「小学校に同じ幼稚園・保育園の友だちが1人もいません」という子もいるので、誘えるようにしてあげるといいかなと思います。

ちなみに、入学してしばらくは下校時間が早いので、休み時間に外遊びをする時間はありません。休み時間ができて遊ぶようになるのは、給食が始まって1日学校にいるようになってから。それまでに友だちに声かけできるようにしておけると良いですね。

意外と高度なワザ（？）が必要なのは、断り方のほう。子どもって、毎日同じ友だちと遊ぶわけではないのです。「今日はこの子と遊びたい」「今日は1人で本を読みたい」ということもあります。そういうときに**「今日はごめんね」「また今度ね」**など、**相手が聞いて嫌にならない断り方ができるようになると良いですね。**もちろん、上手に断れるようになるのは、ずーっと後のこと。入学前からできる必要はありません。

自分の力で登下校できるのが小学生

幼稚園・保育園と違い、小学校では子どもだけで登下校しなければなりません。お母さん、お父さんがとても心配になるところですね。入学前の3月ごろから、ぜひ通学路を親子で一緒に歩いてみてください。ただ歩くのではなく、**車のスピードが速い場所、死角になる場所、歩道が狭い場所、横断歩道、歩道橋、踏切など、歩きながら危険な場所や、「※子ども110番の家」を教えてあげましょう。**

そのうえで、「学校まで子どもの足で何分くらいかかるか」をチェックします。横断歩道、踏切などで足止めをくらうこともあるので、それも想定してどのくらいかかるかを計りましょう。

一緒に歩くと気づくと思いますが、子どもたちは歩いているとき、まず左右の確認をしません。もちろん入学当初は危ない場所に保護者や地域の人が立っていてくれたり、交通指導員さんが立ってくれたりしていますが、大人に頼るのではなく、**本当に危なくないか自分で確認して、左右を見てから道路を渡る癖をつけるようにしましょう。**大人がいないときに、きちんと左右を確認しているかは、要チェックポイントです。

地域によっては集団登校のところとそうでないところがありますが、つい友だちとはしゃいでよそ見をしながら歩いたり、いきなりバーッと走ったりしてしまうのが子どもです。**走って帰るのは絶対ダメだよ、と伝えましょう。**

※子ども110番の家……子どもたちが身の危険を感じたとき、犯罪の被害にあった、またはあいそうになったときに緊急避難できる場所。

重たいランドセル、本当に背負って歩ける？

登下校の練習をするとき、合わせてやっておくと安心なのが、ランドセルを背負って歩く練習です。入学したてのお子さんがランドセルを背負って歩いている姿を見ると、まるでランドセルが歩いているように見えるほど大きく見えますよね。

ランドセル自体の重さは1kg強あり、それに教科書やノートを入れると4kgに及ぶともいわれています。ただ最近は、あまり重い荷物を持たせないように私たち教師も気をつけています。置き勉（教科書を学校に置いて登下校すること）を認める学校も増えてきていますし、ランドセルのほかに絵の具セットや鍵盤ハーモニカなどを持ち帰るときは、荷物が多くなりすぎないように配慮しています。

重さは多少軽減されても、ランドセルを背負って歩くこと自体、子どもたちは不慣れです。**入学前にランドセルが用意できなければ、リュックでも良いので、「背負って通学路を歩く」練習をしてみましょう。**前の項目で、学校まで子どもの足でどのくらいかかるか、という話をしましたが、ランドセルを背負って歩くと、さらに時間がかかります。

また、寄り道や近道をしたがる子もいますが、これはＮＧ。**通学路は子どもの安全を第一に考えて決められています。通学路以外の道を通らないことも教えてあげましょう。**

意外とできない傘の使い方をマスターしよう

意外と見落としがちなのが、傘の使い方。雨の日に登下校するというだけで、実はかなり大変なのです。だから傘はなるべく使いやすいものがベター。慣れないうちはジャンプ傘がおすすめです。

よくご相談を受けるのは「力がなくてジャンプ傘が開けません」というもの。練習すれば必ずできるようになるので、ご家庭で傘の閉じ開きを練習しておきましょう。

学校では傘はきちんと閉じて、傘立ての自分の場所に入れます（低学年では、自分の傘立ての場所が決まっているところが多いようです）。

傘をさしたままの登下校も大変です。友だちとの距離感がわからなかったり、斜めに持ってしまったりして、歩行者や車にぶつかりそうになることも。**一度、雨の日にも登下校の練習をしておくと安心です。**ちなみに学校では、雨の日は横並びせず、一列で歩くように指導しています。

みなさんが心配されるのが「傘トラブル」です。一歩間違えば、傘は凶器になります。以下のことは繰り返し伝えましょう。

【傘のひもをくるくる巻いて閉じる方法】

片手で傘のひもを持ち、
もう片手の手で持ち手を
くるくる回すと
簡単に閉じられます

・友だちの顔の前で急に傘を開かない
・友だちをつついて遊ばない、ふりまわさない
・雨が止んだときに道路などにツンツンたたきながら歩かない（側溝に傘の先がはまって折れた、壊れたという報告多し！）
また、「ランドセルを背負ったまま使えるレインコートはありますか」という質問もいただきますが、お子さんによっては負担になることもあるため、レインコートは様子を見ながら、どうしても必要だと判断した場合に購入を検討しましょう。

学校ではいきなり本番！おうちで給食当番をやってみよう

小学校に入ると給食、そして給食当番を楽しみにしているお子さんもいます。一方で、少食や偏食があるなど、食べることに対して前向きになれないお子さんもいます。どちらのお子さんにもおすすめなのが、「おうちで給食当番」です。

私がはじめて1年生の担任をしたときの苦いエピソードがあります。はじめての給食の日、ある子どもが給食当番をして、「うまくいかなかった」と泣き続け、結局何も食べずに終わってしまったことがありました。その子は給食当番でこぼしてしまったとか、目立った失敗をしたわけではありません。自分のなかで、上手にできなかったと思ってしまったのでしょう。**幼稚園や保育園では前もって経験することができないので、ご家庭でやってみるのがいちばん！　お休みの日などにお手伝いも兼ねてやってみましょう。ポイントは3つあります。**

①お玉を使ってスープや味噌汁をすくう……難易度★

グー持ちではなくスプーンと同じ持ち方をする。

②トングでおかずをつかむ……難易度★★

給食の主菜はトングで盛り付けることが多い。大きいトングは上から持つのがコツ。

③しゃもじでごはんをよそう……難易度★★★

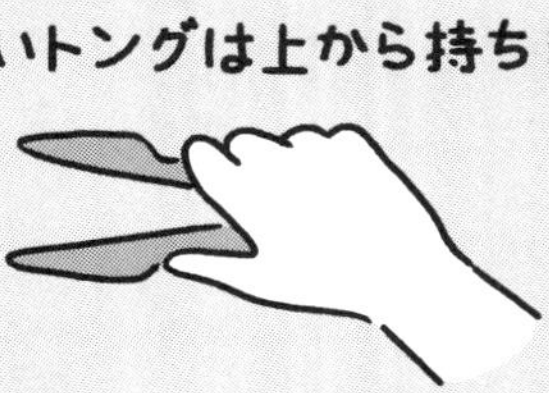

手首を返せない子が多い。

手首を返す練習方法：お遊戯の「きらきら星」を思い出して、手のひらでキラキラの振りつけをする。／うちわであおぐ練習をする。

給食当番がうまくできると、先生にほめてもらえるポイントになり、自己肯定感もアップします。食が進まない子も、食べることに興味をもつきっかけになりますよ。

少しずつ準備しよう

入学前にやっておいたほうがよいこと 学習編

【学習面は、あせらなくても大丈夫！】

幼稚園・保育園との大きな違いは、毎日の学校の授業。「うちの子、ついていけるかな……!?」と不安になるお母さん、お父さんもいるかもしれません。入学前までに、あれもこれもできるようにしておきたい、とあせってしまう気持ちもわかりますが、実はやっておいてほしいことはそれほど多くはありません。学習面については、入学してから時間をかけて学んでいくので安心してください。ここでは、お子さんと一緒に楽しみながらできることを紹介しましょう。

はじめての鉛筆は、「少し太めの三角鉛筆」が正解！

鉛筆の持ち方が重要なのは、プロローグでお話しした通りです。

【鉛筆の正しい持ち方の3ステップ】

①親指・人差し指でオッケーをつくる
②親指・人差し指で鉛筆をはさむ
③3本の指（中指・薬指・小指）を添える

小学校入学前後のお子さんに絶対に持たせ

①OKをつくる

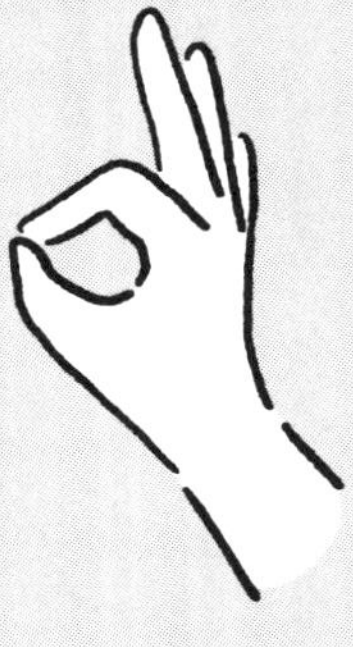

てほしい鉛筆は『くもんのこどもえんぴつ2B』です。

まだ鉛筆を持ち慣れていない子どもにとって、普通の細い鉛筆は力が入りすぎて疲れやすいのです。この鉛筆は、**少し太めの三角の軸で鉛筆が手にぴったりおさまって安定します。親指・人差し指・中指で自然に正しく握れます。**

三角形や六角形の鉛筆は転がりにくいというメリットもあります。

入学前の子に今すぐやってほしい「塗り絵」で指先の力を鍛えよう

正しくきれいな字を書くには、指先の力が重要です。**まだ鉛筆に慣れていないお子さんは、指先のコントロールが上手にできず、筆圧も弱い傾向があります。**そこで指先の力を鍛えるのにおすすめなのが、塗り絵です。子どもが好きそうな楽しい塗り絵でも良いのですが、マスの塗り絵を使うと、指先にぎゅっと力が入って鍛えられ、上手な字が書けるようになります。

だいたい1マスが1.5センチ角くらいで9マスくらいあるものを用意してあげましょう。裏紙で良いので、お母さん、お父さんが手作りしてあげれば、お金もかかりません。いろいろな色で塗るのも楽しいですよ。

また、知り合いのお習字の先生の話ですが、上手な字が書ける子のお家の方に秘訣を聞くと、幼稚園・保育園のときに、細かい塗り絵をたくさんしていたそうです。塗り絵が文字を書くための基礎になっていたんですね。

入学前のこの時期にしか身につかないこと、それは手首の軽やかな動きです。文字を書く動作、道具を扱う動きに役立ちます。

ひらがなを練習する前にぜひこの塗り絵をやってみてくださいね。

自分の名前の読み書きができるようにしよう

小学校入学までには、ひらがなで自分の名前（フルネーム）の読み書きだけはできるようにしておきましょう。なぜなら小学校に入ると「自分の名前を〝読む〟〝書く〟機会」がとても多くなるからです。プリント学習をするときには、必ず自分の名前を書いて提出します。

また、自分のロッカーや机、下駄箱に名前のシールが貼ってあるので、それを見て自分の場所を覚えます。同時に、友だちの名前を覚えることにもつながっていきます。

ひらがなの「読み」については、絶対ではありませんが、五十音読めたほうが良い、というのが実際のところです。

「書き」についてはひとまず自分の名前だけで十分です。実際、ひらがながかなり書ける状態で入学してくる子も多いのですが、入学してからも、1時間にプリント1枚ずつのペースでしっかり書き方を学んでいきます。ひらがなを書けることを前提で授業が進むことはないので心配しないでくださいね。

小学校入学前に、無理にひらがなの「書き」を教える必要はありませんが、**お子さんが幼稚園や保育園で「友だちや先生に手紙を渡したい」など、文字に対する興味が出てきたら、そのタイミングで教えてあげるのが良いでしょう。**

ただ、先にも触れましたが、**ひらがなをたくさん書けることよりも、正しい書き順で書けることのほうが大切です。その理由は2つあります。**

1　きれいに書ける

文字は基本的に、人から人へと伝えるためのものであり、より速くより正しく書けるように研究されてきたもの。その文字がいちばん美しく見えるのが、書き順通りの書き方なのです。

2　書くスピードが速くなる

書き順通りに書くと、とめ・はね・はらいがスムーズに進み、速く書けるようになります。**文字をスムーズに書けるようになると、文字を早く覚えることもできます。**

間違った書き順を一度身につけてしまうと、後で訂正するのが大変です。はじめに書き順を守らないと、この後のカタカナ、漢字の書き順はメチャクチャになってしまいます。もしもお家で教えてあげるなら、正しい書き順で教えてあげましょう。

なお、左利きのお子さんでも左から右、上から下、という書き順は変わりません。ただ、右利きのお子さんよりも力が入りがちになる傾向があります。鉛筆の正しい持ち方（46ページ）に気をつけてあげると良いですね。

遊びながら、ひらがなの下準備をする方法もアリ！

ひらがなを書く下準備として、遊びながら楽しくできる方法を紹介します。**子どもにとって、「文字の形を見て、その通りに書く」ことは、実はとても高度なワザなのです。**そこで遊びながらその下準備ができるのが「形遊び」です。たとえば「タングラム」をご存じでしょうか。正方形をいくつかに切り分けたものを使うパズルです。**見本通りに動物など、さまざまな形を作って遊びます。この練習が実は、ひらがなや漢字のお手本をその通りに書く練習になります。**

砂文字板を使う方法もアリ

またひらがなが書けないお子さんには、砂文字板がおすすめです。**自分でひらがなを書きたい時期、ザラザラした感触を触りたい時期に、砂文字板を繰り返しやっておくと、ひらがなの形を覚えて、書けるようになります。**

ひらがなの文字が大きく書かれた紙の上にグリッターのりを塗り、つまようじでグリッターのりを伸ばしていきます。できた砂文字を上から触って、その感触を楽しみながら、ひらがなを覚えていきましょう。左利きのお子さんにも砂文字板はおすすめです。

【用意するもの】

・ひらがなを書いた紙（市販の「ひらがなカード」を使うと作りやすいです。のりが塗りやすいように、ひらがなは大きく、太く書くのがコツ）

・グリッターのり（カラフルなものを使うと楽しいです。１００円ショップで購入できます）

・つまようじ

【やり方】

①文字の線の上にグリッターのりを塗り、つまようじで広げて埋めていき、乾かします。厚めにしっかり塗るのがコツ。

②出来上がったざらざらの文字の上から人差し指・中指の2本の指でなぞって、感触を楽しみながら文字を覚えます。

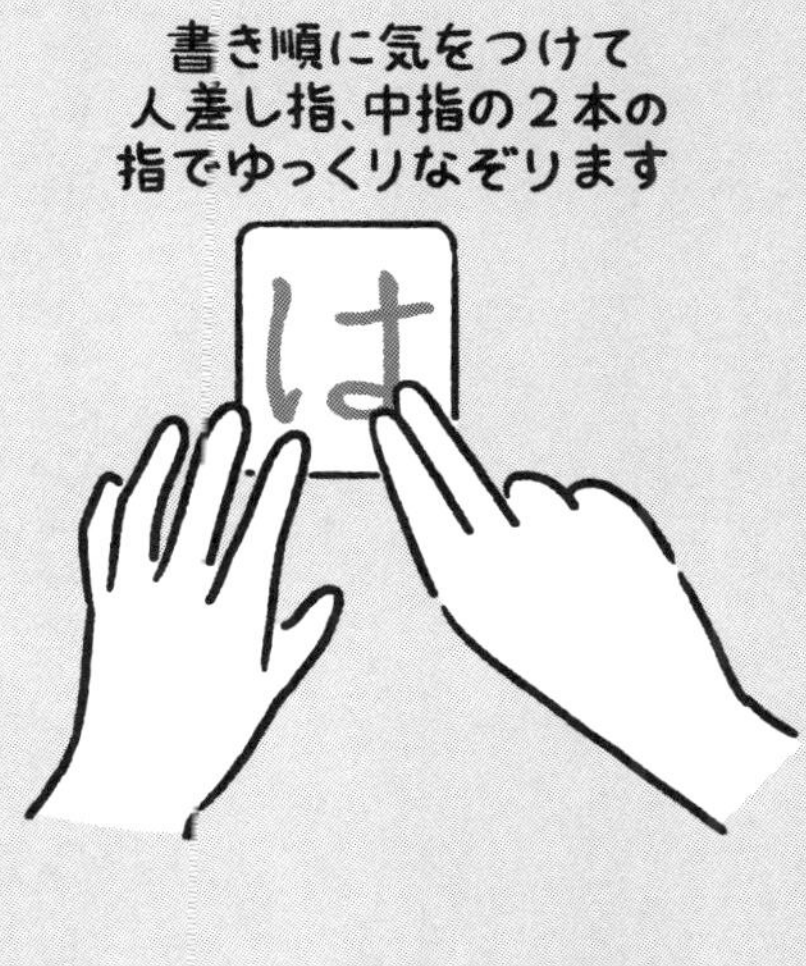
書き順に気をつけて
人差し指、中指の２本の
指でゆっくりなぞります
は

使いやすい文房具を選ぶことは実はとっても大事！

小学校1年生が使いやすい、おすすめの文房具を紹介しましょう。ただし、学校によっては文房具が指定されていることもあるため、事前に確認してから購入してください。

【低学年におすすめの文房具15選】

筆箱	無地の筆箱ではないとダメ、という学校もあるようですが、基本は箱型で鉛筆が1本ずつ入るもの。
	【クツワ　ピッタントンクリア】 https://www.kutsuwa-online.com/?pid=177898658
鉛筆	2B以上のもの。軸が三角や六角だと持ちやすい。消しゴムで消しやすい芯のもの。
	【トンボ　きれいに消えるかきかたえんぴつ】 https://www.tombow.com/products/ipe/
消しゴム	よく消えるもの。四角でないものは使いにくいのでNG。上記の鉛筆とセットでそろえると良い。
	【トンボ　MONO学習用消しゴム】 https://www.tombow.com/products/mono_gakushu/
赤青鉛筆	赤と青の比率が半々のものもあるが、赤の使用頻度が高いため、7：3のものがおすすめ。
	【uni学習・丸つけ用　赤青7：3鉛筆】 https://www.mpuni.co.jp/products/pencils/color/red_bule/kgmy/kgmy.html
定規	数が見やすく、裏に滑り止めがついているものだと、定規を押さえるのが苦手なお子さんでもずれにくく押さえやすい。
	【ソニック　ナノピタキッズ】 https://www.sonic-s.co.jp/pickup/4333
ネームペン	インクが乾くのが速いもの。
	【サクラ　マイネーム】 https://www.craypas.co.jp/products/pickup-myname/index.html
連絡袋	ランドセルに入りやすいA4サイズに、たくさん入るマチ、仕切りポケットがあると、連絡帳とプリントの入れる場所を分けられる（ただし、きちんと分けられるかどうかは、お子さんによります・笑）。
	【レイメイ藤井　メッシュれんらく袋】 https://www.raymay.co.jp/studymate/contents/category_class/RS1189/
下敷き	とくに筆圧の弱い子は、柔らかめの下敷きがおすすめ。書くときに鉛筆の先が少し沈むため、しっかりした筆圧で書きやすい。
	【共栄プラスチック　しっかりシタ字キ】 https://kyoei-orions.com/product/16447/

はさみ	幼稚園・保育園で使っていたものをそのまま使用しても良いですが、買い換えるならこれ。図工や生活科の授業で牛乳パックなどを切ることがあり、厚紙が切りやすい。	【ソニック メガサク】 https://www.sonic-s.co.jp/product/sk-312
クーピー（登録商標）	植物の観察などに使える自然色（おうどいろ・あかむらさき・はいみどり）がプラスされているもの（普通の色鉛筆でももちろんOKです。それぞれの学校にご確認ください）。	【サクラ 小学生専用クーピーペンシル 12 色+3色】 https://www.tombow.com/products/mono_gakushu/
クレパス（登録商標）	好みによりますが、箱タイプではなくソフトケースタイプだと、箱がボロボロになりにくいという声も。	【サクラ クレパス太巻 16 色（ソフトケース）】 https://www.craypas.co.jp/products/painting-school/010/0020/186703.html
スティックのり	色つきで塗った場所がわかりやすい。ヘッドが四角で転がらない。	【コクヨGLOO スティックのり】 https://www.kokuyo-st.co.jp/stationery/gloo/stick/
液体のり	塗ってもしわになりにくいもの。ヘッドが四角で転がらない。	【コクヨGLOO 液体のり】 https://www.kokuyo-st.co.jp/stationery/gloo/liquid_glue/
持ち方グリップ	鉛筆の持ち方を直したい子は持ち方グリップも。溝に指を添えるだけで自然に持てるもの。	【エルプラス はなまるくん】 https://erupurasu.co.jp/hanamaru/
鉛筆削り	子どもの手の発達を考えると、手で回すことができる手動のものが理想。ただし、面倒くさがるお子さんもいるため、鉛筆を削る習慣をつけたいなら電動タイプでも。鉛筆が差し込みやすいものを。	【クツワ 充電式えんぴつけずり】 https://kodomotokurashi.com/mka-5546

100まで数えられるより、10までの数量・数詞・数字を理解する

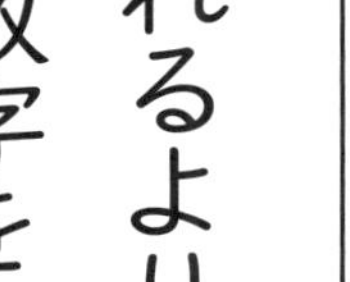

「1から100まで数えられるんだ！」

そう得意気に話してくれるお子さんもいます。もちろんそれも素晴らしいのですが、100まで数えられるより大切なことがあります。それが**10までの数量・数詞・数字を理解しているかどうかです。**

・**数量**…実際の数の量
・**数詞**…数を表す語（例・いち、に、さん）
・**数字**…1、2、3

数量・数詞・数字、この3つが一致しているかどうかが重要です。「いち、に、さん、し」などと数を数えることはできても、数字を言っているだけ、つまり音として覚えているだけで、理解できていない場合があります。

チェックする方法としては、おはじきや飴など実際のものや数字カードを使って調べます。

たとえば、おはじきでやってみましょう。

おはじきを2つ並べる（数量）＝に（数詞）＝2（数字）

と認識できているかどうかです。

最初は1から5までやってみて、それができたら10までやってみましょう。勉強として無理やりやらせるのではなく、遊び感覚でやらせてみるのがポイントです。

入学式で後悔しないために「意外に困った！」こと3つ

「入学式は一生に一度のことだからきちんとしたい」という親御さんの声は多く、たくさん質問をいただくことがあります。

1つめは、**入学式では、事前に持ち物や提出物の連絡があると思うので、忘れないようにしましょう。**学校によって違いますが、中には算数セットやお道具箱、鍵盤ハーモニカなど、学校で購入したものを持ってきてください、という学校もあります。これは、重たい荷物を子どもに持って来させるのは大変だから、入学式に親御さんに持ってきてもらいたい、という意図です。反対に、混乱するから持って来ないでほしいという学校も。「せっかく大荷物を持って行ったのに、そのまま持って帰ることに

なった」ということにならないように事前に確認しましょう。

そして2つめ。入学式では、子どもは先に教室へ、親は入学式のために体育館へと、親と子が離れてしまいます。だから何かしたくても親は手を出せません（笑）。これは男の子あるあるなのですが、せっかく家からきれいな服を着て行ったのに、式前にトイレに行ったあとに乱れ、シャツがズボンからはみ出ていたまま式に出席。女の子ならスカートがずれたままということも。

入学式前に家で一度、入学式の服を着てみて、トイレに行ったあとはシャツをインする、スカートを正しい位置にしておくなど、練習しておくと良いでしょう。

入学式前には、必ずトイレに行かせますので、ハンカチも忘れずに持っていきましょう。よくあるのが女の子の入学式の服にポケットがないこと。うちの娘もそうだったのですが、ハンカチを持って行って、机の上に置いておくようにしました。

そして最後に、特性のあるお子さんのケースでは、はじめての場所が苦手、親子で離れるのが不安という声があり、「入学式に参加できるかどうか心配」というケースもあります。入学式では、子どもはぶっつけ本番です。お母さん、お父さんとしては、お子さんのいきいきとした晴れ姿を見たいもの。**心配な場合は、事前に学校に相談して春休みなどに会場（体育館）の下見をさせてもらったり、「ここを歩いてこの席に座るんだよ」などとリハーサルをやってもらったりすると良いと思います。**小学校側も対応できますので、相談してみてください。

入学式までの親子の過ごし方も大切に

ここまで入学までにやっておくとよいことについてお話ししてきましたが、最後にどうしてもお伝えしたいことがあります。

たしかに、入学前にいろいろと準備をしていただくと安心です。でも、小学校の予習よりも大切なのは、**卒園までに1つでも多く、幼稚園・保育園の思い出をつくってほしいということ。**卒園してしまえば、通っていた幼稚園・保育園に行くことはまずなくなります。そして別々の小学校に入学して別れてしまう友だちもいるでしょう。

小学校の入学式も感動しますが、幼稚園、保育園の卒園式も、とても感動するものです。私は娘を0歳児のときから保育園に預けていましたから、ほぼ6年間、毎日送

り迎えをしてきて、大変だったことや楽しかった思い出がよみがえり、同時に子どもの成長も感じました。卒園式では、0歳で入園したころの写真が飾ってあり、ママ友たちと一緒に泣いてしまいました。幼稚園・保育園は二度とない、親子で共に成長した記録でもあります。ぜひ、十分に味わってから小学校に入学してくださいね。

教えてハチ先生！
入学前に聞いておきたい Q&A

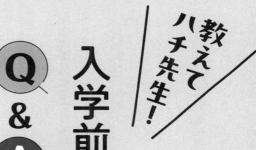

Q 朝の準備が遅いのですが大丈夫？

A 最初のうちは親もサポートしてあげましょう

17ページで、「朝、家を出る時間から逆算して準備を」というお話をしました。それができないから困っているんです、というご家庭もあるでしょう。準備が遅いのには理由があります。その1つが、あちこちに目がいって準備が進まないこと。そういうお子さんは、入学した後も、ランドセルをロッカーにしまうのを忘れてお友だちとついしゃべってしまったりします（笑）。

ド定番のやり方ですが、**前日から準備をしておき、給食用のナフキンやマスクなど、必要なものを一カ所にまとめておきましょう。ランドセルと必要なもの以外、目に入らないような状態にしておくのです。**

幼稚園・保育園までは親が準備していたのに、小学校に上がった途端「自分でやりなさい」と言っても、難しいものです。朝の準備は「習慣づけ」が大事。**お子さんの習慣がつくまでは、一緒にやってあげつつ、少しずつ1人でできるようにしてあげましょう。**「いつまで親が一緒にやればいいですか」というご質問も受けますが、親にとっては〝子どもを見守るトレーニング〟でもあります。見守りつつも、半年くらい経ったころには1人で準備ができるようにしてあげましょう。

Q 整理整頓、どこまでできるようにしておけば良い？

A 使ったものを元に戻せるようにしましょう

幼稚園・保育園と小学校の違いは、自分で自分のことをしなければならないことでしょう。整理整頓が苦手なお子さんもいると思いますが、「使ったものを元に戻す」ことだけでもできるようにしましょう。小学校では机にそれぞれのお道具箱、教室の

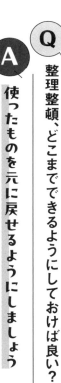

後ろにはそれぞれのロッカーがあります。自分のものはそこに戻すことだけでもできるようにしておきましょう。

ご家庭では物の定位置を決めて元に戻す、ということを親子で一緒にやってみてください。

Q 「明日の持ち物」、きちんと書き写せる？

A 連絡帳に書き写せるよう、時間をとっています

小学校に入ると、先生が「明日の持ち物や宿題」を黒板に書き、子どもがそれを連絡帳に写します。ただ入学してしばらくは、明日の持ち物を書いたプリントを渡す学校もあります。最近では、連絡帳を廃止し、アプリなどで学校からのお知らせを連絡する学校もあるようです。**連絡帳を書かせる場合は、きちんとそのための時間もとる**

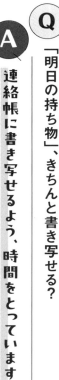

ので安心してください。

お知らせのプリントを渡しても、プリント自体を持って帰るのを忘れるケースもあります。ランドセルの底に何カ月も前のお知らせがぐちゃぐちゃになって入っていた、学校の机の中に入れっぱなし、教科書の間に入っていた、なんてことも（笑）。帰ってきたらお知らせのプリント類を決まったボックスやカゴに入れることをルールにしているご家庭もあります。

Q 親が選んだ文房具を嫌がります

A お子さんが好きなものを選ばせましょう

学校で決まりがある場合は除き、できるだけお子さん自身に好きなものを選ばせましょう。たとえば筆箱や鉛筆も、キャラクター物がＯＫなら、好きなものにしてあげてください。

「好きなキャラクターでは勉強に集中できないのでは？」という声もありますが、私の経験上、そのようなお子さんはいませんでした（筆箱についている機能で遊んでしまうお子さんはいました）。

自分の好きな文房具なら、大切にしよう、頑張って勉強しようという気になるのではないでしょうか。

Q 子どもが担任の先生と合わないかもしれない…

A 気になることがあれば、ぜひ相談してください

親御さんがそう思われることもあるかもしれませんね。もし、そう思われたとしても、お子さんの前で担任の先生の悪口を言うことは絶対にしないでください。お子さ

んが、お母さん、お父さんと担任の先生との板挟みになり、どちらを信じていいかわからなくなってしまいます。**気になることがありましたら、ぜひ担任の先生に相談してくださいね。**

また、学年の先生たちは、年齢や経験もさまざまです。それをカバーできるように、学年の先生たち同士で協力しています。

いずれにしても、担任は変えることができません。**私たちもご家庭と良い関係を築きたいと思っています。大切なのはお子さんです。何よりも子どもたちが楽しく充実した学校生活を送れるように、協力していけたらと思っています。**

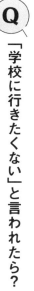

Q 「学校に行きたくない」と言われたら？

A 理由を問い詰めるのは逆効果です

1年生によくあります。不登校というよりは、小学校への不安による行きしぶりが多いものです。子どもが行きたがらないと、**親は「何が嫌なの？」とその理由を聞きたがりますが、大泣きしているときに問い詰めるのは逆効果。**

私の今までの経験では、何かが嫌なのではなく、もう何もかもが嫌なのです。お母さん、お父さんが無理やり連れてきて学校で泣いていることもあります。そういうときはとにかく何も言わずに泣き止むまでそっとしておきます。こうして落ち着く時間を取れば、みんなの中にスッと入れます。

結論は出せませんが、家で泣いている場合は、お母さんお父さんと一緒に登校しても良いですし、無理せず休ませても良いと思います。ただ親御さんも仕事があるでしようから、とにかく学校に連れてきていただければ、あとは私たち教師に任せてもらえればと思います。

Q 「内気」なので、教室で発言できるか心配です

A 発言しやすいような工夫をしています

学校ではどの子もみんなの前で話せるようにサポートします。また、**挙手して発言できる子だけが授業内容を理解しているわけではない**ことは、教師もわかっています。ノートやほかの子どもたちとの交流などからも理解しているかどうかを判断しています。

授業では、いつも発言する子ばかりではなく、いろいろな子が発言できるように指名の方法を工夫するなど、発言しやすい雰囲気づくりも大切にしています。

Q　そもそも、集団生活になじめるでしょうか…

A　4~7月が勝負です

どんなに集団生活に慣れない子でも、夏休み明けからは慣れてくるように感じます。夏休み前、4~7月が勝負です。4月に入学して、やっと慣れてきたと思っても、ゴールデンウイーク明けで仕切り直しになることもありますが、少しずつ慣れていきますので大丈夫です。

Q　早生まれで幼いのですが、集団生活や学習面で遅れをとらないでしょうか

A　ほとんど気になりません

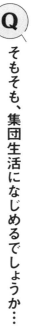

3月生まれのお子さんと4月生まれのお子さんでは約1年の差がありますから、心配になりますよね。でも実際は、ほとんど気になりません。

強いて言えば、早生まれのお子さんは生活面、学習面において、少しゆっくりしている面はあるかもしれませんが、学校では早生まれのお子さんに特別な配慮をすることは基本的にありません。逆にいえば、早生まれかどうかにかかわらず、サポートが必要なお子さんはいます。

「いつごろ追いつきますか」という質問もよくいただきますが、経験上、早生まれのお子さんでも3年生に上がるころには、ほとんど変わらなくなってくると思います。

Q 食物アレルギーがあります。友だちにからかわれませんか？

A 子どもたちは説明すれば理解してくれるもの

まず、アレルギー対応は学校によって決められていて、給食開始までに面談があると思います。そこで相談の上、対応を決めますので安心してください。

アレルギーの度合いに応じて、学校では子どもたちにも説明します。たとえば「◯◯さんは牛乳が飲めないだけじゃなくて、触るのもダメだから、みんなでこぼさないようにしましょう。もしこぼしちゃったら、すぐに言ってね」というように。**子どもたちは、きちんと理由を説明すればわかってくれます。**そこでからかわれたり、いじめの対象になったりすることはありません。

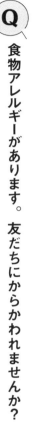

Q 少食なのですが、給食は残しても大丈夫？

A 基本的には、食べられる量だけ食べればOK

今は以前と違って、「絶対残してはいけません」ということはありません。食べられなければ残しても大丈夫。ただ食べ物を残すのはもったいないので、最初から少なめによそってもらっても良いですね。

何よりも子どもたちが「食べることが楽しい」と思えることがいちばん大切。無理やり食べさせたり、嫌いなものを食べさせたりすると、「給食＝苦痛な時間」になってしまいます。公立の中学に進むとすれば給食は9年間も続きます。**一人ひとり食べられる量や体格にも個人差があるので、気になるようであれば、担任の先生に相談してみてください。**

知っておくと安心

小学1年生の学校生活 日常生活編

【入学後も、これだけ知っておけば怖くない！】

入学前の準備も終わって、いよいよ小学校入学！　学校生活に慣れることができるのか、給食は大丈夫？　友だちはできるのか、先生との関わり方は？　などなど気になることはたくさんあります。

基本的には、「学校生活に慣れ、楽しく学校に通えること」ができればＯＫ！　そのためにも、先生とご家庭が協力して、お子さんをサポートしていくことが大切です。

小学1年生は下校時刻が意外と早い！

入学したら、どんなスケジュールで学校生活を送るのでしょうか。84ページにあるのが、日課表の一例です。

8時～8時20分ごろまでに登校します。集団登校、各自で登校、スクールバスなど、登校の仕方は地域によってさまざまです。

朝の会の前に、読書や10～15分の学習をする学校もあります。

1コマ45分の授業で、午前中は4時間、午後は1時間の授業に取り組みます。

学校によりますが、1年生の下校時刻は他学年と比べて早いことが多く、15時ごろが目安です。授業と授業の間にある休み時間も、学校によってまちまちで、5分にしている学校もあれば10分にしている学校もあります。5分だと、トイレに行くのも慌ただしいですね。

掃除は、給食後に行う学校もあれば、全ての授業が終わった後に行う学校もあります。

慣れないうちは朝から15時まで学校にいるのも大変だと思われるかもしれませんが、1年生だけ単独で早く下校させることのほうが危険です。たとえば以前いた学校では、「1年生のみ下校」の日は、途中まで教師が付いていくことになっていました。でも、現在勤めている学校では、そもそも1年生だけで下校させないようにしていて、他の学年が5時限下校の日に合わせています。

学校が終わって、そのまま学童保育に行くお子さんも増えています。学童保育では宿題をやったり遊んだりできますが、いずれにしても1年生のうちは、お子さんは朝から夕方まで慣れない環境で頑張っています。家ではゆっくり休ませてあげたいですね。

小学1年生日課表の例

8：00～ 登　校	集団登校、個別登校、スクールバスなど登校の仕方は地域によってさまざまです。
8：30～8：40 朝の会	朝の会の前に、読書や10～15分の学習をする学校もあります。
8：40～9：25 1時間目	午前中は4時間（1時間は45分授業） 午後は1時間の授業に取り組みます。
9：35～10：20 2時間目	
10：20～10：40 業間休み	天気がよい日は運動場で遊びます。
10：40～11：25 3時間目	
11：35～12：20 4時間目	
12：20～13：00 給　食	給食当番を決めて、子どもたちが配膳します。
13：00～13：30 昼休み	天気がよい日は、運動場で遊びます。 雨の日は、教室で本を読んだり絵を描いたりして過ごします。
13：30～13：45 掃　除	自分たちの教室や教室前の廊下などを掃除します。
13：55～14：40 5時間目	
14：40～15：00 帰りの会	帰りの会では、明日の予定の確認、 1日の振り返りなどをします。
15：00～ 下　校	下校の仕方も地域によってさまざまです。 下校時刻について、お便りなどでお知らせがある場合もあります。

幼稚園、保育園と小学校、もっとも違うことは、家庭でやるアレ

幼稚園や保育園と小学校の違いってなんでしょう？

小学校だと、担任の先生が大勢の子どもを見なければならないイメージがあるかもしれませんが、実は幼稚園でも、先生1人に対して1学級の子どもは35人以下、保育園では4、5歳児の場合、保育士1人に対して子どもが25人となっています。意外と多いと思われるのではないでしょうか（ただ、幼稚園・保育園では担任の先生以外にもフリーの先生が入るなどのケースは多いですが）。

小学校では1年生が1学級35人までで、2年生以降で40人です。そして今、その人数を減らす動きがあるようです。私の経験上、1年生で1学級30人を超える子どもたちを一人ひとり見るのはなかなか大変です。

1クラスの子どもの人数よりも違いが大きいと思うのは、やはり**子ども自身が先生の指示を理解して、自分で動く場面が増える**ことではないでしょうか。つまり、**自分のことは自分でやるなど、自分で管理をしなくてはならないことが増えてくる**のです。

そして幼稚園・保育園との最も大きな違いは、**小学校は「勉強をする場所」**であるということ。幼稚園でももちろん勉強はあったかもしれませんが、比重がまったく違います。そして**なんといっても小学校には「宿題」があります。**

1年生が最初に出される宿題は、「音読」です。子どもが読むのを聞いて、親がチェックをして提出します。そして、次に出されるのが「ひらがなのプリント」です。

入学後、いつごろから宿題が出されるかは学校によって違いますが、お子さん自身が「家でやらなければならないこと」があるのは、幼稚園や保育園との大きな違いでしょう。忙しいなかではありますが、**最初のうちはお母さん、お父さんが声かけをして、宿題を見てあげるようにしてくださいね。**

小学校では担任の先生と会う機会が少ない

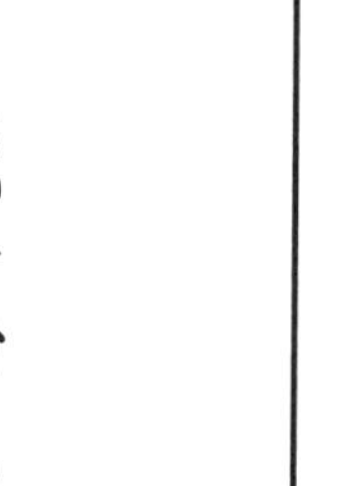

保育園や幼稚園では毎日の送迎や、連絡帳のやりとりなどで先生とほぼ毎日顔を合わせることができました。子どもの様子も、困ったことも、こまめに知ることができました。

一方、小学校に入ると送り迎えは当然なくなり、担任の先生と顔を合わせる機会は個人面談や授業参観、学級・学年懇談会など、学校行事のときしかなくなってしまいます。

小学校に入った途端、先生と話したり、相談したりするハードルがグンと上がってしまったと感じるお母さんお父さんは多いようです。

でも小学校に入ったあとも変わらず、困ったことや相談したいことがあれば、気軽に先生に相談をするようにしてください。相談の方法は、連絡帳と電話の両方をうまく活用することです。

たとえば、友だちとの間でトラブルがあって子どもが心配だから相談したい、というとき。連絡帳に具体的に書いても良いのですが、文章にすると伝わりづらいですよね。また連絡帳の場合、込み入った話やトラブルの相手の名前を書くと、万が一、第三者に見られてしまうリスクもあります。電話で話したほうが早いと思った場合は、電話で話していただいて良いと思います。

ただ、友だち関係など相手がいるご相談の場合は、先生に電話で話しても、すぐに解決するわけではありません。「明日、子どもに聞いてみます」となるので、日にちがかかる場合もあります。電話をしたからすぐに解決にいたるわけではないことも、知っておきましょう。

逆に、**急ぎではない相談や、ちょっとしたご相談なら、連絡帳をどんどん活用して**

ください。とくに1年生のうちは、担任は連絡帳をしっかりチェックしています（ただし、お子さんが連絡帳を出すのを忘れた、ということもよくあります・笑）。

そのほか、機会は限られますが個人面談の時間を使って相談していただくことも可能です。面談は、限られた時間ではありますが、きちんと話せる貴重な機会です。私たちも、普段学校では見せない子どものご家庭での様子や、保護者のお話を聞くことができる機会ととらえています。面談の時間も有効に活用しましょう。

苦手だけど楽しく！どの教科も苦手意識をもたせないようにする

学習面において1年生に伝えたい、たった1つのことは、「勉強って楽しいものだよ」ということです。シンプルですが、これはとても大切なこと。ここで勉強が嫌いになってしまったら、これから続く6年間は苦しく、つまらないものになってしまいます。1年生を受け持つ教師はみんな、そういう気持ちで教えています。

1年生の良いところは、時間的な余裕があること。「僕（私）は勉強が苦手だ」「みんなと同じようにできない」と思ってしまうことがあったとしても、繰り返し取り組むことで、どの教科も少しずつできるようになります。

「何回書けば、ひらがなや漢字を覚えますか」と聞かれるのと同じで、何回書けば覚えられるかは、一人ひとり違います。あなたのお子さんは「できない」のではなく、まだ覚えている途中かもしれないのです。1年生のうちだからこそ、時間をかけ、できるようになるのを待つ必要もあるでしょう。

逆に、一度苦手意識を持ってしまうと、後で取り戻すのに時間がかかってしまいます。少なくともご家庭では、最初の段階で苦手意識を持たせないようにしましょう。

よく子どもを励ますつもりで、「あなたは算数が苦手だけど、やればできるよ」「ひらがながうまく書けないから、がんばって練習しよう」などと声をかけてしまうことがあります。これでは「僕（私）は○○が苦手なんだ」と言っているのと同じです。**「この子はこれが苦手」と決めつけないことが大切です。**

よく言われることではありますが、ほかのお子さんと比べることなく、**昨日より今日できたことなど、その子自身の成長を見て、〝楽しく〟勉強できるようにサポートしてあげましょう。**

「学校が楽しくない」のは、学習のつまずきが原因のことも

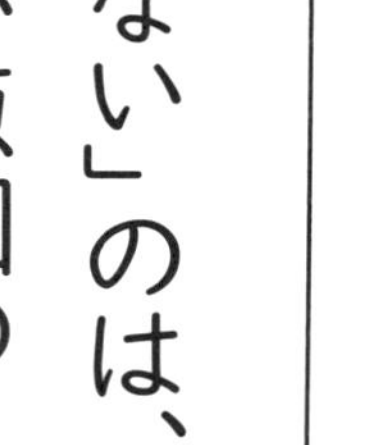

「学校が楽しくない」あるいは、口には出さないけれど、子どもが学校に行くのが楽しそうではない――。こんな様子が見られたら、心配になってしまいますが、**学校が楽しくない理由の1つに、〝学習のつまずき〟が隠れている場合があります。**

お子さんがどれくらい学校の授業内容を理解しているのか、学習面でつまずいていないかどうかは、ご家庭ではわかりにくいものです。

1年生でまだ宿題に慣れていない時期、「宿題をやっていると怒ったり泣いたり、かんしゃくを起こすことがあって困っている」という話を聞くことがあります。先にお話ししたこととつながりますが、教師はご家庭での様子を知ることができません。

「こんなことは相談することではない」と思わずに、ぜひ担任の先生に相談してください。

宿題をする習慣をつけることは、実はそう簡単ではありません。なぜ、家で宿題をやらなければならないのか、その意味がわからないお子さんもいます。習慣づけさせるまではお母さんお父さんがしっかり向き合うこと、その忍耐力も必要です。

私は子どもたちには、「宿題をやって来なかったら、学校でやることになるよ」ということを冷静に伝えます。そうなると学校で遊ぶ時間もなくなってしまいます。それが嫌だったら、家でやるしかありません。これを丁寧にご家庭でも伝えていただければと思います。

親御さん側に「学校は勉強するところ」という意識が強いため、お子さんの学習態度に対して厳しく言ってしまうこともあるかもしれません。ただ、お母さんお父さんが子どもだった時代と今とでは、勉強のやり方や内容も違ってきているので、教え方も含めて、先生に相談されると良いのではないかと思います。

なぜこんなことを書くかというと、**お子さんが小学生になった途端、「先生にあまり相談してはいけない」「自分たちで解決しなければ！」「先生に頼りすぎるのはよくない」と思われることがとても多いと感じるからです。**

子どもが宿題をしない、あるいは勉強が苦手でつまずいているのは、家庭の問題だからと遠慮をされている方も多いのですが、こうしたことこそ、ぜひ相談してください。**1年生のうちなら、時間をかけて解決できる可能性が高いのです。**

友だちは人数よりも仲の良い友だちを

「1年生になったら友だち１００人できるかな♪」

という歌がありますが、この歌に象徴されるように、友だちができるかどうかを心配されるお母さんお父さんも少なくありません。

でも、必ずしも友だちは多くなくて良いですし、全員と仲よくしなければいけないこともありません。

たくさんいる学校の仲間とかかわるうちに、友だちとの距離の取り方を学び、その中から仲のよい友だちができれば良いのです。

32ページで友だちの誘い方や断り方について、入学前からできる必要はないと書きましたが、入学してからは、少しずつできるようになっていってほしいと思います。

よくSNSなどでお母さんからご相談を受けるのは、「休み時間に1人でポツンとしていないか」「寂しい思いをしているのではないか、いじめられないか」というものです。

ただ、お子さんの中には、1人が好きな子、自分の時間がほしい子もいます。子どもによって違うので、必ずしも1人だから寂しい、1人だとかわいそうということはありません。そのお子さん自身は「困っていない」のに、親のほうが妄想をふくらませて心配してしまうことも多いようです。

お子さんが学校で1人になっていないか、孤立していないか心配なのは、学校での様子がわからないからですよね。

まずはお子さんに、「誰と遊んでいるの?」と聞いてみましょう。具体的な名前が出てきたら少し安心できるかもしれませんが、同じ幼稚園や保育園ではない、知らないお子さんの名前が出てくる可能性もあります。それになんと言っても、子どもの話は要領を得ず、よくわからないことがあります（笑）。**どうしても心配な場合は、個人懇談などのときに、学校での様子を担任の先生に聞いてみてください。**

「うちの子、休み時間はどんなふうに過ごしていますか」「誰と一緒に遊んでいますか」というような聞き方でOKです。また、授業ではグループや班になって活動することもあるので、**「うちの子はどういう感じで活動（参加）していますか」というように聞くと、お子さんの友だちとのかかわり方も知ることができるでしょう。**

友だちづくり
実は担任がフォローしているので大丈夫

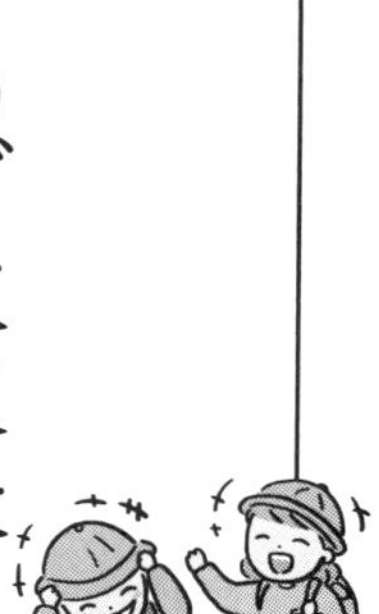

「子どもは内気なので、自分から友だちに話しかけられるか不安」

「引っ越したばかりで、小学校に友だちが1人もいません」

と心配する声もよく聞きます。

まず、学校に知り合いが1人もいないお子さんや、幼稚園・保育園から1人だけその小学校に入学してきたようなお子さんの場合は、小学校でもその情報を把握していますので、**担任の先生も友だちの輪に入れるようにサポートしています。**

前項でも触れたように、大人が心配しているのに比べて、子どものほうはそれほど気にしていないことも多々あります。親が思うより、子どもはたくましいと感じることもよくあります。

先ほどもお話ししたように、1人でいることが悪いわけではありません。もし休み時間に1人ぼっちでいる子がいても、その子が1人でいるのが好きなようであれば見守ることもあります。

一方で、その子のことを気になっている（遊びたいと思っている）子がいたとします。そういうときは、「○○さん（1人でいる子）って、絵を描くのが好きなんだよ」というように、**○○さんの情報を伝えてあげるようなサポートをすることはあります。それをきっかけに仲よくできればいいなという意図からです。**

1人でいるお子さんは、実はほかの子から見ると気になる存在で、「話しかけてみたいな」「仲よくしたいな」と思っているケースは結構あるからです。

また、クラスのみんなで遊ぶと決めている場合には、1人でいるお子さんにも「みんなで遊ぶよ」などと担任が声かけすることもあります。それ以外は、無理やり仲間に入れたり、嫌がっているのに外に連れ出したりすることはありません。

1人でいることが多い子のお母さんは「うちの子、協調性がないのかな…」と悩むこともあるようですが、私はそうは思いません。“協調性がない”のは、どちらかというと自分のやりたいことを押し通したり、人の話を聞かずに周囲を振り回したりするようなタイプのお子さんかなと思います。

小学校は基本的に6年間をかけてじっくり付き合い、成長していく場所です。今お子さんに友だちがいないようでも、**親と教師がサポートしながら焦らずに見守っていきましょう。**

友だちとのコミュニケーション 誤解があるのが前提

1年生では、友だち関係のなかで誤解からトラブルに発展してしまうことがあります。

まだ語彙も少なく、自分の言いたいことが言えず、また相手も同じように、何が言いたいのかわからないような状態なので、もう、ちょっとしたケンカは日常茶飯事です。

よくあるのが、肩をトントンと叩いて「ねえ」と友だちを呼んだつもりが、「叩かれた！」とトラブルになるケース。大人からすると、そんなことで⁉　と思うようなことですが、言葉が不十分なので、「叩かれた！」「呼ぼうと思っただけだ！」となってしまうのです。

間に大人が入り、「○○さんは痛かったんだよ」とか「叩くつもりはなかったんだよ」などと、双方の気持ちを伝えて、お互いの誤解を解きます。子どもに聞いても1年生ではまだ「嫌だった」くらいしか言わないことも多いものです。**子どもの気持ちや言いたいことを通訳するようなイメージで教えてあげるのも、大人の役目です。**

こうした経験を重ねることで、子どもは「こういうときは、こうやって言えばいいんだ」というのもわかるでしょうし、**自分の気持ちを言葉にすることも覚えていきます。同時に、いつでも先生や大人が解決してくれるわけではない、少しずつ自分たちで解決していかなくてはいけない**ということも、学んでいきます。

もちろん子どもによって発達段階にも差があるので、大人が間に入らなくても上手にコミュニケーションを取れる子もいます。

学校でのトラブルを、家に帰ってから親に「今日、こんな嫌なことをされた」と訴えることもありますよね。この場合は注意が必要です。子どもは時間が経つと全然違うことを言ったり、あるいは自分の都合が良いように話してしまったりすることがあります。つまり、事実と違うことをお母さんお父さんに言う場合もあるのです。私自身も親なので気をつけていますが、わが子であっても子どもの話は鵜呑《うの》みにせず、先生に話を聞くのが良いでしょう。学校では、当事者だけでは事実関係がわからない場合、周りで見ていた子に聞くこともあります。

学校では小さなトラブルはつきものです。でもここが教師の腕の見せどころでもあり、**トラブルをトラブルで終わらせず、子どもたちの問題解決能力につながる学びにしたいと思っています。**

問題解決能力をつけるのにいちばん良いのが「集団遊び」です。

みんなで鬼ごっこやドッジボールをやると必ずなんらかの小さなトラブルが起きます。そこで遊びを通して子どもたちがトラブルを解決していくのです。どうしても子どもだけで解決するのが難しいときだけ、大人（先生）に相談すれば良いのです。

自分の気持ちを言葉にして伝えたり、主張するところは主張できるようになる、そんな力がついていくと良いですね。

子どもに先生の悪口は言わないで

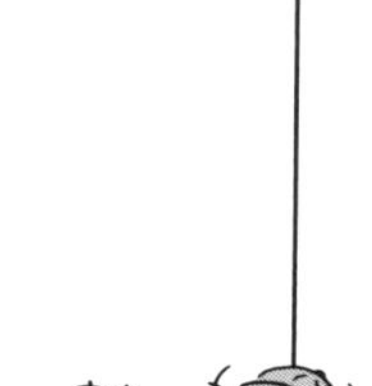

子どもの担任の先生に不満がある。そんなこともあるでしょう。でも、どうか子どもの前では先生の悪口は言わないでください。ご家庭で親が先生を悪く言うと、子どもも同じような目で先生を見ることになります。そして担任の先生を信用しなくなります。これはお子さんにとって、望ましいことではありません。

大好きなお母さんお父さんが、担任の先生を悪く言うのを聞いてしまったら、子どもは誰を信じていいかわからなくなってしまいます。

「あの先生はハズレだ」

「経験が浅い、若い先生で、教え方が下手だ」

「厳しくて、指導が口うるさい」

「のんびりしすぎていて、成績が下がってしまう」

などなど、すべてはわが子を愛するがゆえに、担任の先生の指導に不満を持たれてしまう――その気持ちもわかります。

もしも、担任の先生に不満や疑問を感じたら、どうぞ直接担任に率直な要望を伝えてください。そのご指摘が担任自身も気づかなかった視点であったり、誤解であったりすることもあるかもしれません。

直接お話しすることで、理解が深まることもあります。**ご相談されるときは、先生を責めるような言い方ではなく「こういうことで困っています」というふうに話していただくと良いでしょう。**

逆に、先生に不満があり、言いたいことがあるけれど、言えないという親御さんもいます。その背景には、モンスターペアレントだと思われたくない、クレーマーだと思われたくない、子どもに影響がないようにしたい、先生に嫌われたくない、などの理由もあるでしょう。

もし先生に対して不満や意見があるのなら、先ほどお話ししたように、**先生への批判ではなく「うちの子がこういうことで困っています」「こういう状態で、とても不安です」など、お子さん自身を主語にして話していただけると、前向きに話し合える**ことができると思います。

Column

学校に電話をしたら、多忙な先生は嫌がるもの？

連絡帳には書けないことや緊急のとき、学校に電話をして担任の先生に話をしたい。でも忙しい先生を呼び出すのは、本当は迷惑ですか？　そんな質問を受けたことがあります。先生が忙しそうだから電話をするのをためらってしまうというお母さん、お父さんもいるようです。

その答えはズバリ、「相談内容によります」。

電話をいただくこと自体は迷惑ではありません。**逆に言えば、電話でご相談してほしい緊急のご相談を放っておかれるほうが危険です。**　たとえば「子どもがケガをして帰ってきたけれど、原因がわからない（友だちとのトラブルの可能性がある場合）」などは、時間を空けずに子どもに話を聞かないと後から確認することが難しい場合があります。

教師として心配になるのは、「後から言われる」ことです。トラブルの可能性があるときは、できるだけすぐに相談しましょう。

緊急性がなく、相談したいことがある場合は、まず連絡帳でアポイントメントをとっていただくのが確実でしょう。

わかっていると安心

小学1年生のよくあるつまずき

学習編

【大切なのは知識よりも、学習に向かう姿勢です】

学校生活に慣れてきたら、やっぱり気になるのは学習面のこと。小学校に入ったらどんな内容を学ぶのか、きちんと理解できるのか……。1年生は、この先ずっと続く、学習の土台を作る時期。大切なのは、学習に向かう「姿勢」です。

本書ではとくに1年生に重要な「国語」と「算数」について詳しくお話しします。今のうちに不安を解消しておきましょう。

国語

1年生では、ひらがな・カタカナ・漢字の読み書きが正しくできれば大丈夫！

ひらがなが読めません

ひらがな、カタカナ、漢字の読み書きは国語の基本であり、勉強の基本です。だからこそ、1年生ではそこに時間をかけたいですし、きちんとできるようになってほしいと思っています。

小学校入学時点で、読めないひらがながあるお子さんもいます。入学前から取り組んでいるご家庭もあると思いますが、まずは、

・自分の名前を読む

・家族や友だちの名前を読む

・好きなキャラクターの名前を読む

以上の3つからスタートしましょう。学校では、一文字ずつ確実に習得できるように教えていくので安心してください。

ただ国語で音読をする場合、読めないひらがなが出てくるかもしれません。それは読みながら慣れていくしかありませんが、一文字ずつ覚えていきましょう。

小学校では「あいうえお順」に覚えていくわけではありません。学校や先生にもよりますが、「教科書に出てくる順」か「画数が少ない順」があり、「教科書に出てくる順」で教えることが多いようです。そうなると早い段階から「ね」がいきなり出てくることもあります。

お子さんのひらがなの読みが不安な場合、入学後で良いので**ひらがなのカードなどを使って、ひらがなが何文字読めるかを把握しておきましょう。**

ひらがなが読めない子には、ひらがなそのものが文字として読めない場合と、似ているひらがなが紛らわしくて読めない場合があります。後者の、読めない（似ていて判断がつきにくい）ひらがなには以下のようなものがあります。

さ と き　　は と ほ

め と ぬ　　わ と れ

ご家庭では、2つの文字を見せて、「どっち？」と聞いて答えさせるのも有効です。1年生の夏休み前までには、ひらがな五十音の読み書きができるようなペースで教えています。夏休みを使って、ひらがながすべて読み書きできるかどうか家庭でチェックしても良いでしょう。

ひらがなが書けません

ひらがなが書けないお子さんの場合、まずは自分の名前を書けるようにし、さらに画数の少ないものから練習しましょう。

画数の少ないひらがなを書くことは、それほど難しくないと思います。「ひらがなの読み」のところでもお話ししたように、似たようなひらがなを書き間違えることはよくありますが、まったく書けないお子さんの場合は、それ以前に、**画数が少ないものを書くこと**です。

画数の少ないひらがなの代表は以下の4つです。

つ　く　し　へ

これがクリアできたら、少しずつ難易度の高い文字を書いていきます。

ちなみに、難易度が高いひらがなは「あ」「お」「む」などです。

難易度が低い順にひらがなを並べてみました。①から⑩まで少しずつ難易度が高くなっています。少しずつで良いので、練習していき、ひらがなを全部書けるようにしていきましょう。

① つくしへ
② いこりの
③ てうにけ
④ ひとちら
⑤ ろるそん
⑥ さきせす
⑦ よまはほ
⑧ もたみか
⑨ めぬわね
⑩ れえやゆおふなをあむ

文字がマスからはみ出てしまいます

文字を書く練習をしていると、マスからはみ出してしまう。ひらがなをバランスよく書けないというご相談をたくさんいただきます。

学校では、マスを1の部屋、2の部屋、3の部屋、4の部屋と4つの部屋に分けて教えています。

どの部屋から始まって、どの部屋ではねて、どの部屋で終わるか。この4つの部屋に気をつけて書くと、バランスのよい字を書くことができます。

「い」の場合の例

ステップ①

1画目は1の部屋からスタートします。

ステップ②

3の部屋で、はねます。

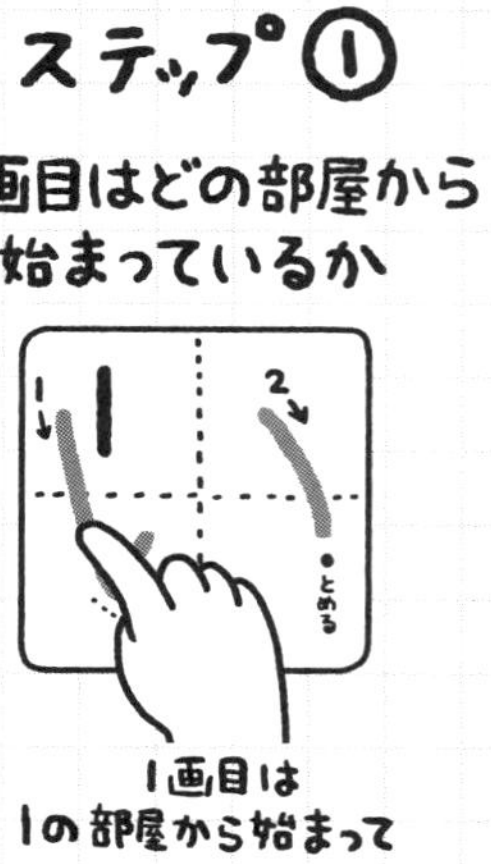
ステップ①
1画目はどの部屋から
始まっているか
1
2
とめる
1画目は
1の部屋から始まって

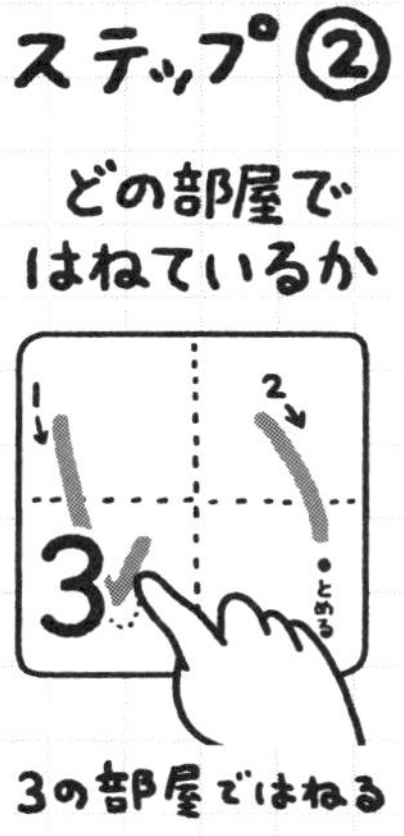
ステップ②
どの部屋で
はねているか
1
2
3
とめる
3の部屋ではねる

ステップ③

2画目は2の部屋からスタートします。

ステップ④

少しだけ4の部屋に入り、止めます。

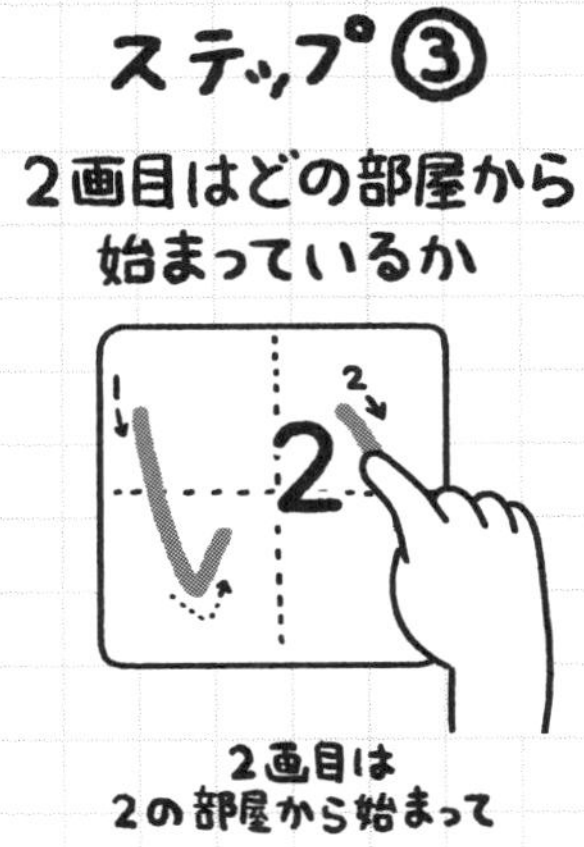
ステップ③
2画目はどの部屋から
始まっているか
1
2
2
2画目は
2の部屋から始まって

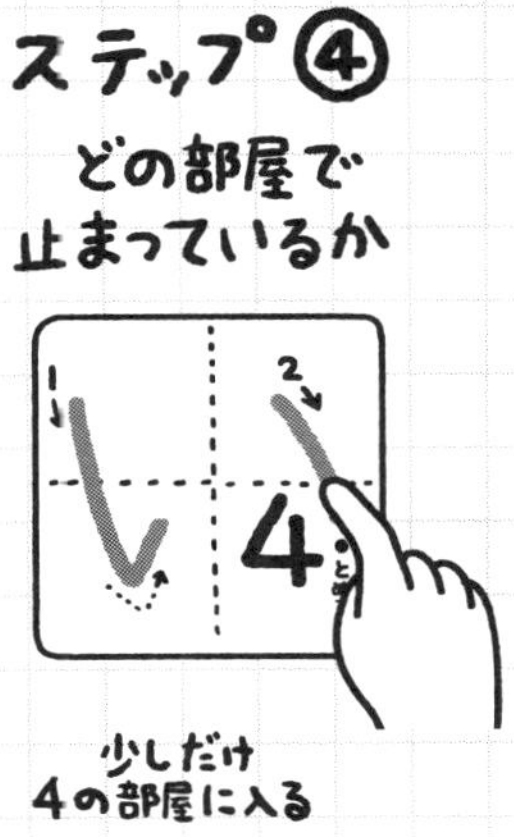
ステップ④
どの部屋で
止まっているか
1
2
4
少しだけ
4の部屋に入る

文字がマスからはみ出し、バランスが悪くなってしまう原因は、3つあります。

①1画目の位置が下すぎる
↓文字が下の位置にずれてしまう。

②1画目が大きすぎる
↓文字全体が大きくなってバランスがくずれてしまう。

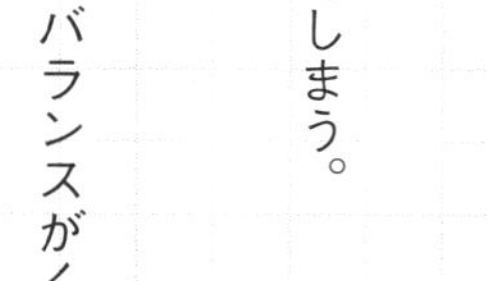

③マスが小さすぎる↓最初から小さいマスに書くのは難しいため、夏休み前までは国語ノートの10マス、1年生の後半では12マスを使うのがおすすめ。

「マスからはみ出してもいいよ」と許してしまうと、いつまで経ってもマスに収まるように書けません。家で猛特訓をする必要はありませんが、宿題で文字を書くときに、見てあげると良いでしょう。**1画目の位置がわからないお子さんには、スタートの位置に点をつけてあげる**など、少しだけサポートしてあげても良いですね。

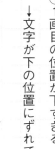

筆圧が強い・弱い　どうしたらいいですか？

筆圧が強い・弱いというご相談もよく受けます。それぞれ対処法が違います。

【筆圧が強い場合】

鉛筆の持ち方が悪いと、筆圧が強くなる傾向があります。

そこで指先の力の調整ができるような遊びや作業をするのがおすすめです。要は書くときに、余分な力が入らないようにするのです。

・ピンセットやトングでいろいろなものをつまむ。

・洗濯バサミでタオルや衣類などをはさむ。

お手伝いのついでに、ぜひ試してみてください。

また、筆圧の強いお子さんは鉛筆の芯が折れてしまいがちなので、折れにくい鉛筆を使うのも良いでしょう。『クツワ学校えんぴつ』は、子どもの力で折れないどころか、大人が使っても折れません。すらすら書ける濃さであるところもポイントです。

https://www.kutsuwa-online.com/?pid=152318330

【筆圧が弱い場合】

鉛筆の先のほうを持ちすぎていないかチェックしてみましょう。持つ位置を変えるだけでも筆圧が変

わります。

また、**柔らかい下敷きを使うのもおすすめです。文字を書くと少し沈むため、文字を書いていることが実感しやすいのです。**

これは理学療法士や作業療法士を指導する先生からお聞きした話ですが、筆圧が弱いお子さんは、メンタル面が影響している可能性もあるそうです。

例えば、強く書くと芯が折れて手が汚れるのが嫌だというブロックがかかっていることもあるため、鉛筆の芯をあえて折らせてみることもあるそうです。ご家庭ではそこまでやらないとしても、筆圧の弱いお子さんには、**書きたいだけ文字を書かせてみる、塗り絵をやらせてみるなど、心のブロックを外して「思いっきり書いていい」と思えるような遊び**をやらせてみても良いかもしれませんね。

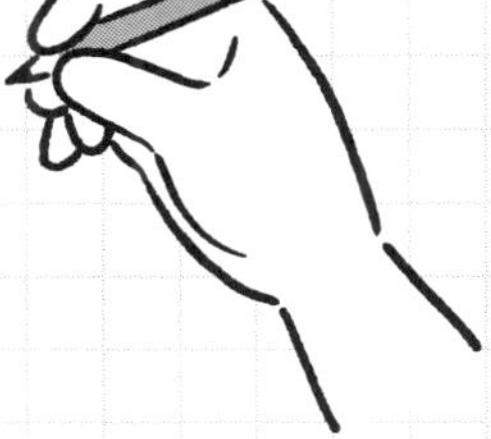

このように鉛筆の先の方を持ちすぎると、筆圧が弱くなる傾向があります

消しゴムできれいに消せません

消しゴムで字を消そうとすると、勢い余ってノートが破れてしまったり、消しているのにかえってノートが黒ずんで汚れが広がってしまったり……。

まずは、紙やノートをしっかり押さえること。**利き手ではないほうの手をL字にしてノートに置き、しっかり押さえましょう。**消しゴムを使うと、ノートやプリントがくしゃ

利き手でないほうの手を
L字に置き、しっかり押さえます

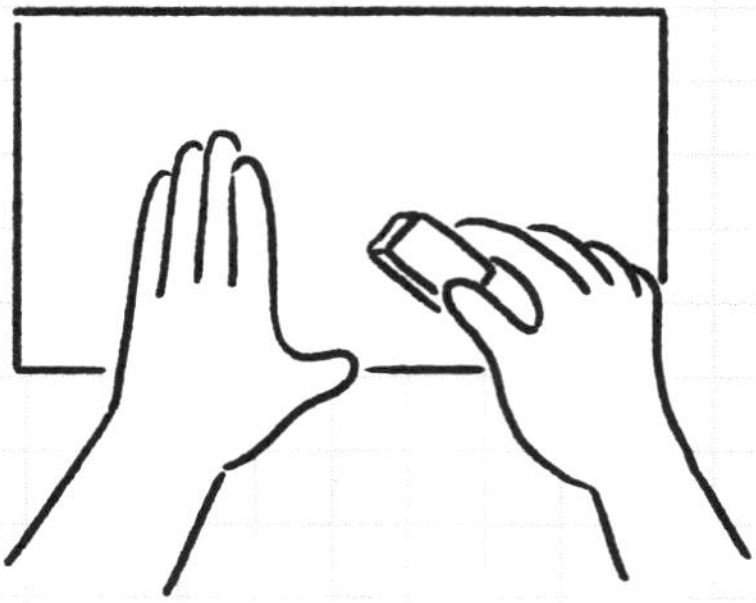

くしゃになってしまう子は、だいたいしっかり押さえることができていません。

次に、よく消える消しゴムを使いましょう。当たり前だと思われるかもしれませんが、子どもは、よく消える消しゴムよりも、おもちゃのような消しゴムを好むことがよくあります。消しゴムを買うときは、ぜひお母さんお父さんがチェックしてあげましょう。

そして最後に、習字の先生に言われたことですが、消しゴムを使う前に、消しゴムの先が真っ白になるように消しておくのもコツです。消しゴムの先が汚れているから、消せば消すほど黒く広がってしまうのです。筆圧の強い子あるあるなのですが、いつも消しゴムの先が真っ黒の子がいます。

消しゴムを使う前に、紙やプリントのきれいなところを使って、消しゴムの先が真っ白になるまで消してから使いましょう。

字が汚くて読めません

字が汚いお子さんは、以下の3つを実践しましょう。

①鉛筆の持ち方
②消しゴムの使い方
③直す数を決める

これまでお話しした鉛筆の持ち方（46ページ）、消しゴムの使い方（122ページ）を教えてあげることが基本です。

そのうえで、**「何もかも全部直してね」というと嫌になってしまうので、直す数を決めておくことがポイントです。**書いた文字を大量に直すことは、子どもはとても嫌がります。「直しは3つまで」など、事前に決めておきましょう。一文字でも、一カ所でもきれいに書けたらほめてあげて、モチベーションを上げるようにしてくださいね。

子どもたちを見ていて思うのは、本当はきちんと書けばきれいな字を書ける子はたくさんいるということです。

とくに男の子によく見られますが、「早く書ければいい」とか、「早く終わらせたい」という気持ちから雑に書いてしまうことがあります。そういうお子さんは、「読めない字を書いたら書き直さなければいけない」などというペナルティ（?）があると、きちんと書きますよ。つまり、やり直さないで済むように書いたほうが得だよ、ということがわかれば、きちんとやります（笑）。

これぱっかりは、学年が上がってこないとわからないかもしれません。高学年になれば、そのあたりも理解して、きちんと書けるようになる子もいます。

また、クセ字がある子は、116ページで紹介したような、**4つの部屋で書く方法**

を教えてあげると、字の形を意識して書けるようになります。

その子によってもちろん違いはありますが、どの子も1年生のときのたどたどしい字から、だんだん小学生らしい字になっていく。その過程を見るのも、教師の楽しみの1つです。

濁音、半濁音を間違えてしまいます

「点を忘れているよ」などと親や先生が指摘してしまいがちなのがこれ。**でも本来は自分で見直しをして気づき、文字を直せるようにしていきたいものです。**自分で気づくことは、学力やテストの点数にもつながっていきます。

子ども自身に気づかせるためには、自分が書いたものを読むこと。つまり、「書いたものを音読すること」です。

面白いもので、音読をさせると、「いちご」を「いちこ」と書いていても間違いに気づかず、普通に「いちご」と読んでいます（笑）。**「もう一回読んでみて」と言って再読させると「あ、そうか！」と間違いに気づきます。**こうした経験を重ねることが大切です。

ご家庭でできることがあるとすれば「間違っているよ」と指摘するのではなく「読

んでごらん」と音読をすすめることです。自分で作文を書いて、音読をして誤字脱字を直すのです。

「見直して」というと、なぜか子どもは嫌がります。よくお母さんから「うちの子、見直さないんです」とご相談を受けますが、**見直さないのではなく、見直しのやり方を教えていないだけ。ここでの見直しとは、書いた文を一字一句読むことです。**

濁音と半濁音を間違えてしまうお子さんの中には、単語を読むことと書くことが結びついていないケースがあります。たとえば「いちご」という単語はわかるし、発音もできる。「ご」の字にある、濁音の点々がついていることも理解している。けれども、「かきくけこ」と「がぎぐげご」の関係性がわかっていないことがあります。私はよく、「かきくけこ」の兄弟は「がぎぐげご」だよ、などと説明しています。

ひらがなというとどうしても、「あ」から「ん」までの清音を思い浮かべる子どもが多いのですが、「がぎぐげご」「ざじずぜぞ」などの濁音や、「ぱぴぷぺぽ」などの半濁音が書かれた表もあるので、それを見せたり、いつも手に取れる所に置いておいたりして、目で見て理解につなげたほうが早い場合もあります。お母さんお父さんはつい、口で、「『ば』は、『は』に点々だよ」などと教えてしまいがちですが、それではわかりにくいお子さんもいるからです。

が	ざ	だ	ば	ぱ
ぎ	じ	ぢ	び	ぴ
ぐ	ず	づ	ぶ	ぷ
げ	ぜ	で	べ	ぺ
ご	ぞ	ど	ぼ	ぽ

「おとおさん」と書いてしまいます　のばす音の攻略法

「おとうさん」は発音だけ聞くと「おとおさん」に聞こえます。「おとうさん」を、耳に聞こえたままに「おとおさん」と書いてしまう、「いもうと」を「いもおと」と書いてしまう場合、どうすれば良いのでしょうか。3つのステップで紹介します。

ステップ①

言葉に合わせて手拍子をする。

ステップ①

言葉に合わせて手拍子

お　と　う　さ　ん

「とう」のところは**「とー」**と言いながら
1つの音で手拍子をしましょう

例　おとうさん　→「とう」のところを「とー」と言いながら1つの音で手拍子をしましょう。

ステップ②

「おー」と読むのは「う」と書くなど、法則を教える。

のばすと「おー」と聞こえるのは「う」と書きます。

例　ひこうき　ぼうし　おとうと　いもうと

のばすと「えー」と聞こえるのは、「い」と書きます。

例　けいと　とけい　せんせい　ていねい

ステップ③

「おー」と読んでも「お」と書く言葉があると、ステップ②の例外を教える。

例　おおかみ　おおきい　とおい　おおい　こおり

あまり数は多くないので、覚えておきましょう。

最後に、ステップ②の例外のパターンを覚えるための文章を1つ紹介します。耳で聞き、ひらがなで書けるようにしておきましょう！

とおくの　おおきな　こおりの　うえを
おおくの　おおかみ　とおずつ　とおった

（遠くの大きな氷の上を、多くのオオカミ、十ずつ通った）

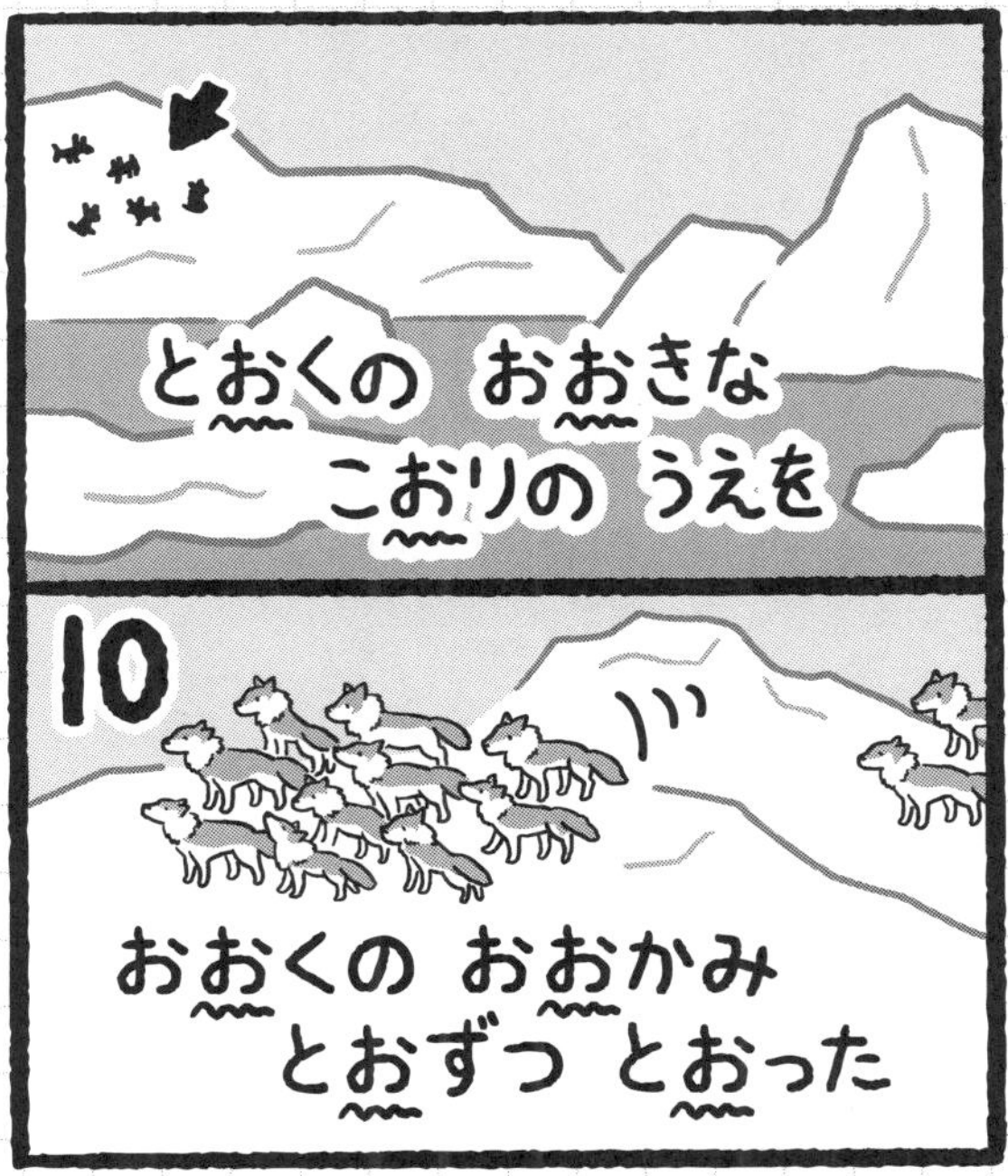
とおくの　おおきな
こおりの　うえを
10
おおくの　おおかみ
とおずつ　とおった

小さい「っ」が書けません

「がっこう」「きっぷ」など、小さい「っ」を促音といい、音がないのに「っ」という一文字で表します。

何気なく使っている言葉ですが、促音を話すことはできても、書くことができない子がいます。練習方法をお伝えします。

【「がっこう」を「がつこう」または「がこう」と書いてしまうお子さんの攻略法】

小さい「っ」がなぜ難しいかというと、「っ」単独では発音しないからです。

子どもには「つまる音」と教えています。

ステップ①

言葉に合わせて手拍子をする。

例「こっぷ」と言葉に合わせて二回手拍子をします。

そのほか、らっぱ　とらっく　すこっぷ　がっこう　きっぷ　など、三、四文字の言葉に合わせて、手をたたいてみましょう。小さい「っ」のところは、声に出さないことがわかるようにして、手をグーにします。

慣れてきたら、「ねこ（猫）」と「ねっこ（根っこ）」で手拍子してみましょう。手拍子はどんなふうに違いますか？

①小さい「っ」

手をたたく

こ　っ　ぷ

きって　らっぱ　とらっく　すこっぷ等
3、4文字の言葉でやってみましょう
小さい「っ」のところは手をグーにして
声を出さないことが分かるように

ステップ②
読んでから書く。

きって　**こ**っぷ　**ら**っぱ　と**ら**っく　す**こ**っぷ

小さい「っ」の前の音を強調して読みます。声に出して読んだ後で、言葉を書きましょう。はじめのうちは、お母さんお父さんなどお家の方が一緒に読むと良いですね。

ステップ③
書いたものを読む。

書いた後に読みます。読むことで、間違えて書いていたときに、自分で気づくことができるからです。ここでもステップ②と同じように、小さい「っ」の前の音を強調して読みましょう。

小さい「ゃ」「ゅ」「ょ」が書けません

「きしゃ」「きょうかしょ」などの小さい「ゃ」「ゅ」「ょ」を拗音といい、1つの音節を「しゃ」のように仮名二文字で表します。前項でお話しした促音と同じように、話すことはできても、書くことができないお子さんがいます。

「でんしゃ（電車）」を「でんしょ」と書いてしまったり、「きょうしつ（教室）」を「きゆうしつ」と書いてしまったり……。

【「でんしゃ」を「でんしょ」と書いてしまうお子さんの攻略法】

「ゃ」「ゅ」「ょ」も、小さい「っ」と同じように、それ単独では発音しないため、理解がなかなかできないお子さんもいます。

「きゃ」「きゅ」「きょ」など、二文字を1つの音として読むことを感覚として理解する方法があります。

ステップ①

言葉に合わせて手拍子をする。

例「でんしゃ」と言葉に合わせて三回手拍子をします。

そのほか、あくしゅ、としょかん、きょうしつ、びょういんなど、短い言葉からやってみましょう。「しゃ」「しゅ」「しょ」「きょ」「びょ」のところは、ひとまとまりで読むことがわかるように1拍でたたきます。

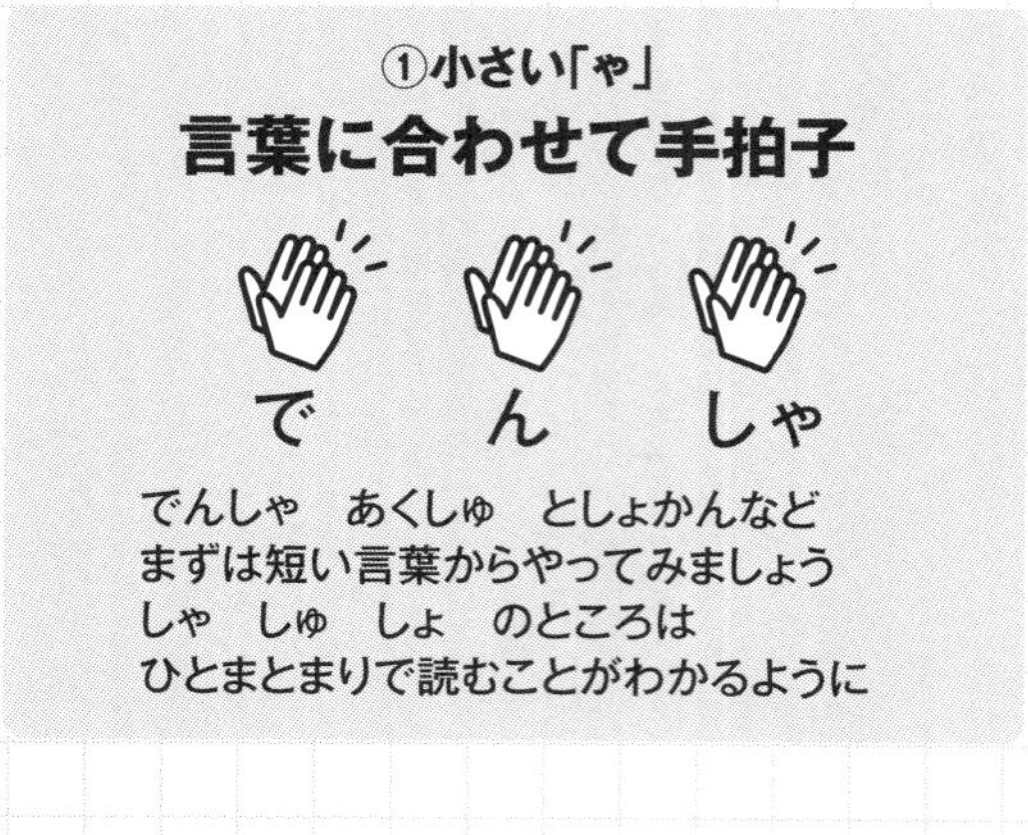

ステップ②

五十音表を読む。

きゃ	きゅ	きょ
しゃ	しゅ	しょ
ちゃ	ちゅ	ちょ
にゃ	にゅ	にょ
ひゃ	ひゅ	ひょ
みゃ	みゅ	みょ
りゃ	りゅ	りょ
ぎゃ	ぎゅ	ぎょ
じゃ	じゅ	じょ
ぢゃ	ぢゅ	ぢょ
びゃ	びゅ	びょ
ぴゃ	ぴゅ	ぴょ

読むときも、ステップ①のように、手拍子をしながら、1つのまとまりとして読みましょう。

ステップ③

声に出して書く／書いたものを読む

たとえば「きゃ」は、読むときは1つの音でも、書くときは「き」「ゃ」と2つのマスを使います。

こちらも促音と同じように、**書いた後に読んでみると、間違えて書いたときに自分で気づくことができます。**

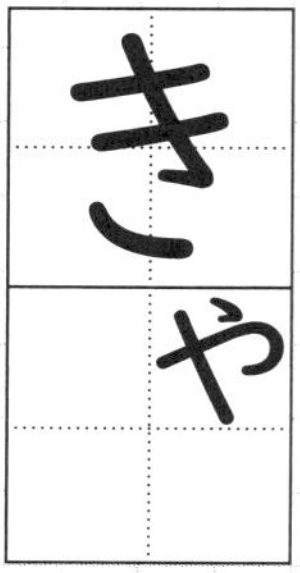

わたし「わ」と書いてしまいます

「わたしは」を「わたしわ」と書いてしまう。「わたし」を「はたし」と書いてしまうこともあります。**これ、子どもたちは本当によく間違えますし、混乱しています。「は」「を」「へ」の3つのルールをご紹介します。**

ルール①

もの の名前などには「はをへ」は使わない。

例　へんぴつ× えんぴつ◯／うきは× うきわ◯

ルール②

言葉と言葉をつなぐときに使う。

「くっつき言葉」と言われます。

ルール③

宛名や方向を指すときは「〜へ」を使う。

例　みきさんえ×　みきさんへ◯

がっこうえいく×　がっこうへいく◯

ルールを知った上で、次のステップで身につけましょう。

ステップ①

ものの名前などを書く。

例　わに　おにぎり　えんぴつ

こわい　など

いろいろな単語を書く練習をしましょう。

「わに」「にわ」など「わ」がつく言葉、「おにぎり」「とおい」など「お」がつく言葉、「えんぴつ」「えのぐ」など「え」がつく言葉を、文章の中から探して書くのも良いですね。

ステップ②

言葉と言葉をつなぐ。

例　ぼく（は）いちねんせい
こま（は）まわる
おかし（を）たべる

「は」「を」を使って、言葉と言葉をつないでみましょう。**「は」「を」の色を変えて書いたり、太く書いたりするとわかりやすいでしょう。**

ステップ③

宛名や方向は〜へ

「へ」は、「は」「を」とは少し使い方が違います。「へ」は、宛名や方向を指すときに使います。

例　○○さん(へ)　としょかん(へ)いく

「ケーキ」を「ケエキ」と書いてしまいます

ケーキ、プールなどの「ー」の部分をカタカナの長音といいます。小学校では最初はカタカナを知らない前提ですので、教科書的にはカタカナで書く言葉もひらがなで書かれています。ですから「ケーキ」は「けえき」と書き、「けーき」とは書きません。ここが混乱してしまうところです。

このひらがなの名残があるので、次にカタカナを教えたときに、子どもたちに「カタカナでは棒をのばすような『ー』を使うんですよ」と教えても「ケエキ」「プウル」と書いてしまうのです。

基本的にカタカナで書く言葉は、外国から入ってきた言葉がほとんどです（これ以外に動物の鳴き声などがあります）。発音として外国語に寄せるとなったときに「ケエキ」ではなく「ケーキ」と表記するようになったのです。

カタカナののばす音のルールは、たった1つ。「ー（のばし棒）はカタカナ専用」ということです。それを知ったうえで、以下のステップで覚えましょう。

ステップ①

言葉に合わせて手拍子をする。

例　プール（のばすところは手拍子をせず、2拍で）

のばす音はどこなのか、手拍子をしながら強調して言ってみましょう。

ステップ②

言葉を覚える。

例　ソース　ホース　ケーキ　シートベルト　カヌー

そもそも言葉を知らないと、カタカナで書けません。身の回りのものから、カタカナの言葉を見つけましょう。

ステップ③

カタカナで書く言葉のルールを知る。

カタカナで書く言葉には以下のようなものがあります。

・動物の鳴き声

例　ワンワン　ニャーニャー

・いろいろなものの音

例　ドンドン　ザーザー

・外国から来た言葉

例　ノート　オリンピック

・外国の国の名前や土地の名前、人の名前

例　インド　ニューヨーク　エジソン

小学2年生の後半で習う内容ですが、生活の中で感覚的に覚えていけると良いですね。

すらすら音読できません

ひらがなは読めるけれど、すらすらと音読ができないというお悩みもよく聞きます。「拾い読みをしてしまう」という声も。

小学校生活に慣れてひらがなが読めるようになったら、**「文字を読む」ところから「言葉のまとまり」で読むというところに持っていきたいところです。一文字ずつ読んでいると、なかなか言葉として頭に入ってきません。**

たとえば家で音読の宿題をしているときにお子さんが「く、ま、さ、ん、は」などと読んでいたら、お母さんお父さんが「くまさんは」と言葉のまとまりとして読んであげて、同じように子どもに繰り返し読ませると良いでしょう。

基本的に低学年の国語の教科書は「分かち書き」になっています。分かち書きとは、「この　おみせは、　なにやさん　でしょう。」といったように、語と語の間や、文節と文節の間を一字分空けて書くことをいいます。

教科書を読ませるときは、「空白のあるところまでは区切らずに読むんだよ」と伝え、お手本として親が読んであげてください。音読は宿題にもなりますが、音読が苦手なお子さんはとくに家でしっかり練習したほうが良いでしょう。1年生の音読は、短くて読みやすいものがほとんどです。親が読み、それを真似するだけでも十分に練習になります。

お母さんお父さんが音読をチェックするポイントをまとめておきます。

①言葉のまとまりで読めているか。

変なところで区切っていないか、拾い読みをしていないか、親がお手本として読んでからチェックを。

②早く読めることより、正確に読めているか。

「くまさんは」を「くまさんが」にしたり、「です」を「でした」にしたり、**勝手に文章を変えていないかをチェックしましょう。**読むスピードが遅いことについては、まだそれほど気にしなくても大丈夫。大人がお手本を見せながら、少しずつ早く読めるようにしていきましょう。

③忙しいときでも、最初の一、二回はしっかり聞いてあげること。

家事をしながら音読を聞くこともあるでしょう。でも、飛ばし読みをしていないか、正確に読めているか、最初の一、二回だけでもしっかりチェックしてあげましょう。

④宿題の音読カードの評価は、子どものモチベーションを下げない程度に。

音読カードに「◎○△」など親が評価を記入しますが、厳しくつけなくても大丈夫。中にはずっと「△」が続いているご家庭もありますが、音読はほぼ毎日宿題になるので、お子さんのモチベーションを上げるためにも、ほめるべきところはほめ、しっかり良い評価をつけてあげてくださいね。

カタカナが覚えられません

実はひらがなに比べて、カタカナは教える時間がとても短いものです。プリントや練習帳などを使って教えますが、ひらがなのように時間をかけられないのが現状です。

カタカナを教えるのは、ひらがなが終わったタイミングです。

ただ矛盾するようですが、教科書的には、カタカナは次のページのように2年間かけて教えることになっています。だからといって、2年間かけてカタカナを五十音書けるようになれば良いというわけではありません。要所要所で教えるべきカタカナのポイントがあります。ですから**1年生のうちにカタカナを練習し、少なくとも「カタカナ五十音は知っている」という状態にしておく必要があるのです。**

時間をかけられない割には、カタカナを覚えるのはなかなか大変です。五十音の音はひらがなと同じでも、書くと違うものだからです。たとえば**「か」**と**「カ」**、**「き」**

と**「キ」**などひらがなとカタカナで似ている字もあれば、**「ぬ」**と**「ヌ」**、**「を」**と**「ヲ」**などまったく違う字もあります。

カタカナは空いている時間を使って、どんどん練習していくことになります。

ご家庭でも、テレビや本、商店街の看板など身近なところでカタカナを見かけたら、話題に出して、カタカナに触れる機会を意識的に持つようにしてあげましょう。

1年生前半　カタカナ五十音、長音、促音、拗音
1年生後半　カタカナの形 似ている、違う
2年生前半　カタカナを使って文作り
2年生後半　カタカナで書く言葉
①動物の鳴き声　②いろいろなものの音
③外国から来た言葉　④外国の、国や土地、人の名前

黒板の文字は、どうしたら写せるようになりますか？

黒板の文字を写すことは、実はとても高度なことです。黒板に書いてある文字を読み取って、それを記憶してノートに写していく。

黒板を見てノートを見る、目が行ったり来たりするのが難しいお子さんもいますし、記憶して書き写すとき、たとえば「い・ち・ご」など一文字ずつではなく「いちご」というように、言葉のまとまり（単語）として覚えることが難しいお子さんもいます。

言葉のまとまりとして、単語を覚えて書くことを教えると、「知らなかった！」とびっくりするお子さんもいます。苦手なお子さんほど、黒板とノートを何度も行ったり来たりして、ひらがなを一文字ずつ覚えて書き写していることが多いのです。

黒板の文字を写すことは勉強の基本です。最初のうちは時間がかかっても、毎日の授業の積み重ねでできるようになることがほとんどなので、焦らずに見守っていてあげてほしいと思います。

ただ、ご家庭で何かできることがあるとすれば、**机の上にお手本となるプリントなどを置き、それをそのまま書き写す練習をするのが良いでしょう。**右利きのお子さんなら、左側にお手本を置き、右側のノートに書いていきます。そうすれば、**目の動きは最小限になり、黒板↑↓机と、頭を上げ下げして書き写すより負担は少ない**はずです。

そのときも、文字は1つのまとまりとして覚えて書き写すことを教えてあげましょう。

こうして書き写すことに慣れていけば、書くスピードもアップするはずです。

ちなみに、黒板の文字を写すのは、ある程度ひらがながわかるようになってからです。

※学校には視覚情報が優位のお子さんや、聴覚からの情報が優位なお子さんなど、様々な特性のあるお子さんがいらっしゃいます。視覚情報が優位でないお子さんの場合は、黒板の文字を写すことが苦手な傾向があるため、学校ではプリントしたものを机に置き、書き写すことをしている場合もあります。

漢字の読み書きが苦手

漢字の読み書きが苦手なお子さんの場合、**まずは「読み」からスタートしましょう。漢字のカードなどを見せて、読めるかどうかをチェックします。**1年生で習う漢字はインターネットで検索すると一覧表が出ています。それらを使ってみても良いですね。漢字は教科書に出てくる順番に教えるため、使っている教科書によって教える順番が違います。

漢字を覚えるコツは、成り立ちを知ることです。漢字には成り立ちがあります。たとえば1年生で習う漢字に「木」「林」「森」がありますが、「木」はその形からできた象形文字です。木の絵を描いてみて、それが「木」という字になることを教えます。2つ集まれば「林」、3つなら木がたくさんあるから「森」です。「山」「川」なども同じですが、成り立ちを教えて、漢字には意味があるのだということがわかると、頭に入りやすくなるかもしれません。

また、意外とやっかいなのが漢数字です。「一」「二」「三」など漢字の書き方を教えるのは良いのですが、「一」には「いち」「ひとつ」など、同じ漢字なのにいくつかの読み方があることも教えなければなりません。これも、ご家庭で日常生活の中で伝えられると、自然に身につきやすいでしょう。

小学校1年生で習う漢字の数は80字です。ちなみに2年生では倍の160字、中学年の3、4年生が小学校の中ではいちばん覚える漢字が多くて、200字ほどです。

もちろん何回書けば覚えるかは、子どもによって違います。それでもまだ、1年生のうちは80字なので、繰り返し練習することで覚えられるようになります。

漢字と計算は、「繰り返し」が重要です。余談ですが、最近では小学校の宿題を無くそう、という声もあるようです。でも低学年に限っては、宿題はとても大切だと思います。子どもが全員、授業の時間内で漢字や計算の練習が完結し、しっかり習得できるかというと、そうではありません。とくに低学年の宿題を無くしてしまったら、子どもによっては反復練習ができず、繰り返すことによって身に付けることができなくなってしまいます。とくに漢字や計算は、一回で覚えられるものではないでしょう。

漢字が苦手な子の中には、漢字を習うと当て字感覚で、なんでも音で当てはめてしまう子もいます。たとえば女の子の名前で「○○香」さんという子がいたとします。その子の名前に対して「○○火」という字を当てはめてみたり（笑）。「か」と読む字は全部「火」にしたり、「き」と読む字は全部「木」にしたりしてしまうのです。

結局、漢字の意味がわかっていないと、同じ読みでいろいろな漢字を当ててしまうなど、適切な漢字が選べません。**漢字には意味があるということを教えてあげるだけでも、ただ暗記するよりは覚えやすくなるでしょう。**

Column

宿題について

小学生が宿題をやる時間は、基本的に学年×10分と言われています。1年生なら1×10＝10分ということになりますが、実際は10分では終わりませんよね。

1年生では音読とひらがなプリント（後半では漢字の書き取り）が宿題になることが多いでしょう。

先に、宿題の習慣をつけるのはとても大変で、親子で向き合う必要があるとお話ししました。宿題の習慣は最初が肝心なので、お忙しいとは思いますが、1日20分で良いので子どもと向き合う時間を作っていただければと思います。

私も仕事をしているのでよくわかりますが、帰宅後の忙しい時間帯に1日20分を捻出するのが大変ですよね。

学童保育にお子さんを預けているご家庭では、「宿題は学童におまかせ！」「学童で宿題をやってきてくれるから楽」という方もいるでしょう。もちろん、宿題を学童保育でやってくること自体は良いと思いますが、少しだけ注意があります。

基本的に学童の先生は宿題をしっかり見てくれるわけではありません（一部の学習指導をやられている学童は除きます）。たくさんの子どもたちを見る必要があるため、宿題をやらないからといって、親のように注意をしてくれるわけでもないでしょう。

また、学童ではみんながいて集中できない、早く遊びたいから適当にやってしまう、という声もよく聞きます。

私は、宿題をやりっぱなしにするのは本当に無駄なことだと思っています。極端な言い方ですが、「宿題はとにかくやってあればいい」「汚い字でもいい」「間違えて覚えていてもいい」というのであれば、宿題の意味はありません。

宿題を学童でやってくるお子さんがいたら、**せめて見直しをする時間くらいは親子**

で向き合っていただきたいと思います。家で見直して、学校に明日提出できるような状態にしましょう。見直しだけならそんなに時間がかかることではないですよね。私も子どもを学童保育に預けていますが、宿題は学童でやってもらい、帰宅後に私が見て、丸つけをして、間違っていたら直させます。**そうすることで、お子さんがどのくらい学習の内容を理解しているかどうかも把握できますよ。**

面倒かもしれませんが、最初のうちはしっかり見てあげましょう。**繰り返しになりますが最初が肝心！　これをしないと学年が上がってから「うちの子は宿題をしないんです」「何回言ってもやりません」ということになります。**宿題をやる習慣と、提出物はきちんと出す習慣。これが身に付くのは、低学年のうちです。しっかり習慣づけをしておきましょう。

Column

国語の読み取り問題が苦手

国語の読み取り問題、苦手な子が多いですね。

国語の読み取りのテストについて私はこう教えています、というお話をします。

国語のテストはだいたい、上に本文があって、下に問題文と解答欄がありますね。よく、問題文を先に読んでから本文を読むなどのテクニックを紹介しているものもありますが、私が読み取りの中でいちばん大事だと思っているのは、「答えになるところを本文の中から探せるか」というところです。

順番としてはまず本文を読みます。その後に問題文を読みます。問題文を読みながら、その問題に当てはまるのは、本文のどのあたりにあるのかを探して、答えになりそうなところに線を引きます。その答えを間違えないように解答欄に写します。

子どもたちのやり方でありがちなのが、適当にサーッと読んでしまったり、問題文

しかきちんと読んでいなかったり。あとは「ここだろう」と適当に目星をつけて読んだり。

やはり「国語」なので、解答を写し間違えるだけでも減点になります。漢字が違う、句読点がない、というだけでも◯にはなりません。

間違えずに写すためにも、「ここだな」というところにきちんと線を引き、それを写す。これが基本です。よく「本文に答えがある」と言われますが、本当です。この国語の読み取り問題の基本は、中学、高校、大学受験までずっと変わりません。

読み取りのコツ

わたしは、がっこうで
ともだちと　なわとびを
しました。

どこで
がっこう
だれと
ともだち
なにをしましたか
なわとび

きのう、いえで
あさがおの　みずやりを
しました。

いつ
きのう
どこで
いえ
なんのみずやり？
あさがお

算数

1年生では繰り上がりのあるたし算、繰り下がりのあるひき算ができれば大丈夫！

計算に時間がかかり、指を使ってしまいます

指を使わないとどうしてもたし算、ひき算ができないお子さんがいます。小さい数のうちは良いけれど、そのうち繰り上がり、繰り下がりや大きな数の計算になったら、困ったことに！　指を使った計算がやめられないお子さんは、計算を練習する前に、**まずは10までの数の概念を理解するのが先です。**

指を使ってどうやって計算するかというと、たとえば5＋3の場合、イラストのように、順番にたしていませんか？

これは実は、**〝数を順番としかとらえていない〟**のです。

「うちの子、1から10まで言えるから大丈夫！」と思っていたとしたら、これはとても危険です。

たとえば「2」と言われたときに、数字の「2」は思い浮かぶけれど、頭の中でおはじき2個が思い浮かばない場合、数量をイメージできていないことになります。

いくら100まで数えられても、100がどのくらいの量かわからなければ、単に数字を覚えただけであって、数の概念としての意味がありません。

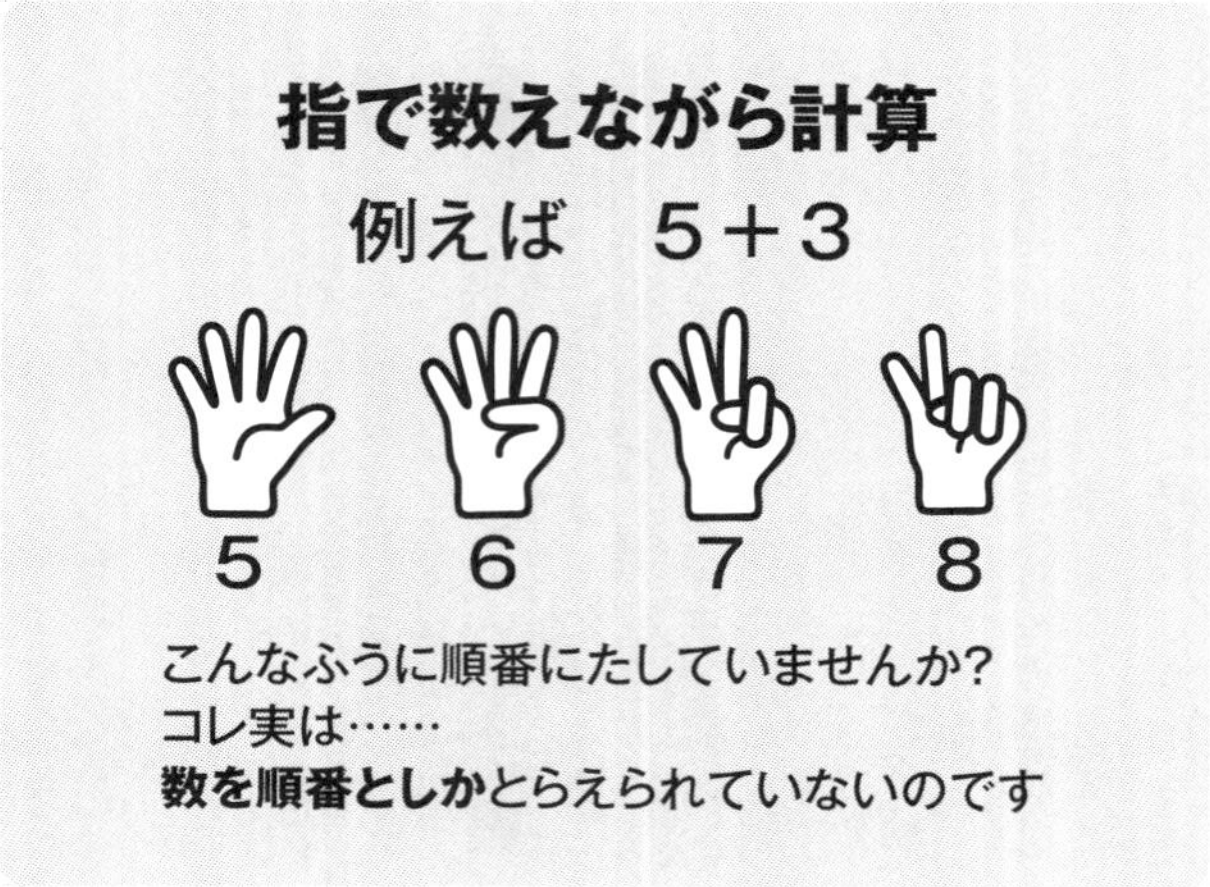

指で数えながら計算
例えば　5＋3
5
6
7
8
こんなふうに順番にたしていませんか？
コレ実は……
数を順番としかとらえられていないのです

そこで「指を使わないで」と言うとどうするかというと、机の下で隠れて指を動かしています（笑）。それくらい、指での計算をやめさせるのは大変です。ちなみに小学2年生に入ると、もう2桁の計算に入ってしまいます。指を使っていると計算が遅くなるだけでなく、計算そのものもできなくなるでしょう。

とはいえ、指計算が絶対にダメとは言い切れません。なぜなら指は、子どもにとって〝いちばん身近にある具体物〟だからです。ただ、**指を使って計算すると、数を並びとしてしかとらえられない、つまりただの順番になってしまう**のです。

家庭でやれることとしては、小さいおもちゃやお菓子、算数セットのおはじきやブロックなどを使って、本当に数がわかっているか、数量がわかっているかを確認すると良いでしょう。要は、「3」と言ったら、お菓子を3個並べられるか、ということです。そして「3」と「3個」や、「2」と「2つ」が同じだということも、生活の中で教えてあげましょう。

数の概念を身につけるまでは、こうした具体物を使い、どんどん手を動かして覚え

ましょう。学年が上がるにつれて、学びが具体から抽象になっていき、手を動かして学ぶことが本当に少なくなっていきます。

指計算をやめるために、次の3つをチェックしましょう。

ステップ① 数量を理解する。

10までの数の並べ方のポイント。

1から5までは、上の列に5個、6からは下の列に並べます。数をパッと見た

ステップ❶
数量を理解する

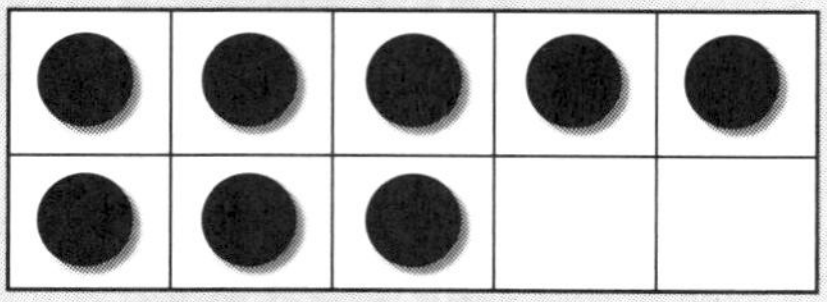

数をパッと見ただけで答えられるようにします

★10までの数の並べ方のポイント★
1から5までは、上の列に5個
6からは、下の列に並べます

だけで答えられるようにします。

ステップ②　数の名称を覚える。

並べたブロックなどを一つひとつ指差しながら「いち」「に」「さん」と数え方を覚えます。このとき、指差しと数があっているかどうかが重要です。これを数《すう》詞《し》と言います。

ステップ❷

数の名称を覚える

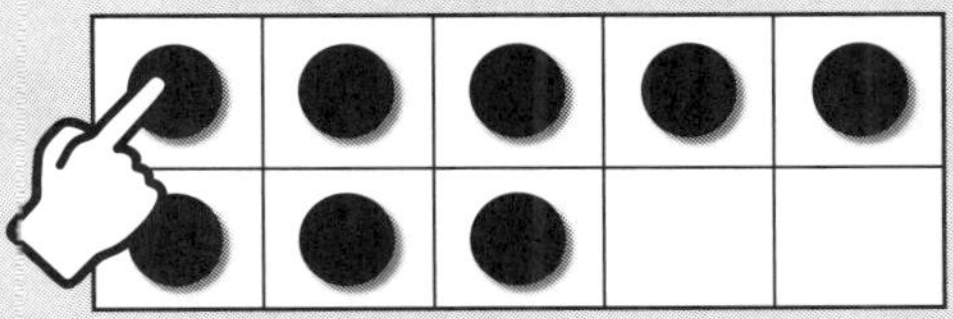

一つひとつ指差しながら「いち」「に」「さん」と数えます
このとき、指差しと数が合っているか重要です!

これを数詞といいます

ステップ③
数字を覚える。

数字のカードなどを使って並べたブロックと数字が一致するように、数字カードを置きます。

ステップ❸
数字を覚える

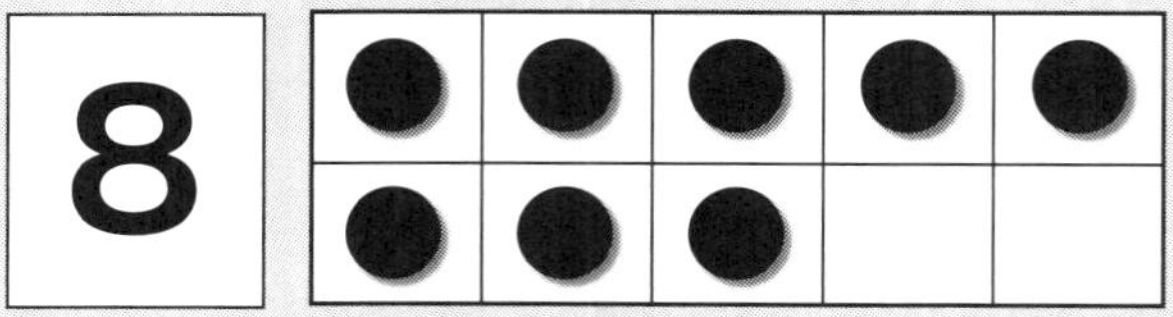

数字のカードなどを使って
並べたブロックと数字が一致するように
数字カードを置きます

繰り上がりのあるたし算ができません

小1の関門である繰り上がりのあるたし算。教える方法はいろいろありますが、よくいわれるのが**「さくらんぼ計算」**です。親世代の方は「何それ？」と思われるかもしれませんね。

繰り上がりのあるたし算は7＋5＝12など、答えが10より大きくなる計算をいいます。さくらんぼ計算では、**〝あといくつで10になるか〟**が重要です。

さくらんぼ計算は、指を使わずに行えます。大人でも、頭のなかでさくらんぼ計算と同じことをやっている人もいるでしょう。

教室ではブロックやおはじきなども使って教えます。ただし、この教え方が絶対で

ステップ❶
7+5の場合、7のほうが10に近いので、7のほうで10をつくりたい(10にしたい)。

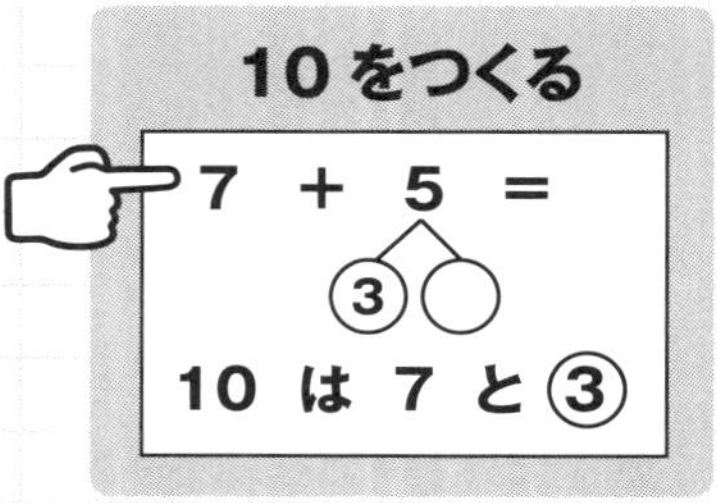

ステップ❷
10は7と3に分けられ、
5は3と2に分けられる。

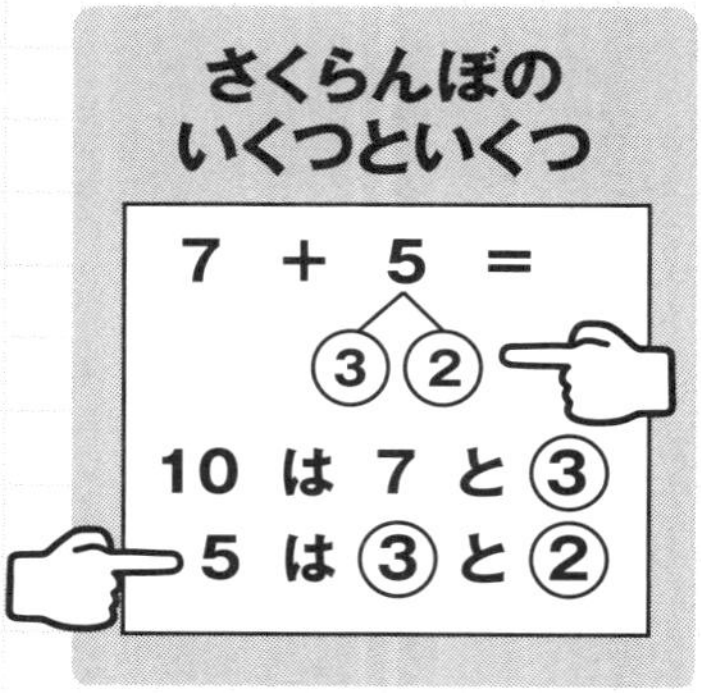

ステップ❸
10と2で、答えは12

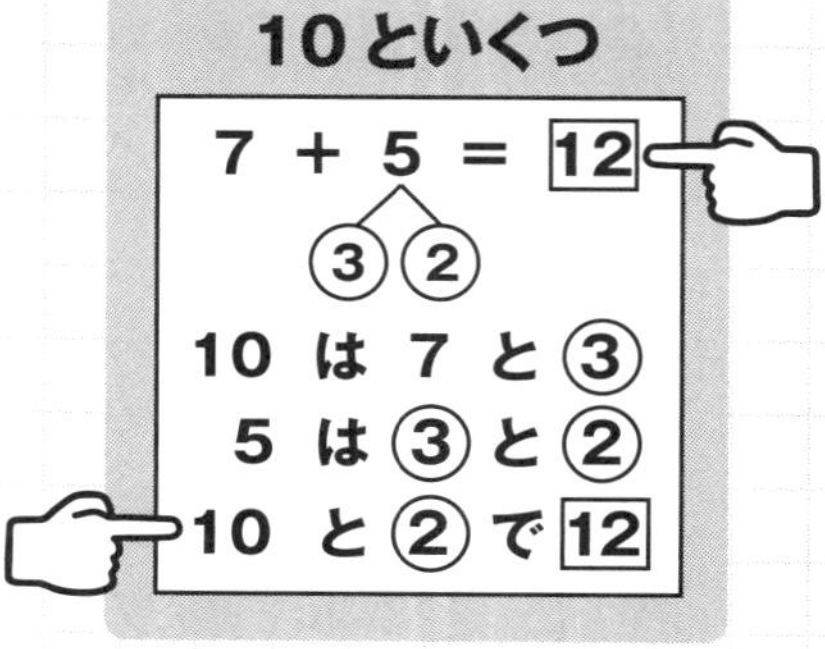

はなく、こういうやり方もありますという1つの方法に過ぎません。

最終的には暗記に近いものになってきます。つまり、7＋5＝12と覚えてしまうようになります。

繰り上がりのあるたし算でポイントになるのが、ここで紹介する「10をつくる」ということです。

〝何と何で10になるか〟はとても大事です。私はこれを「いくつといくつ」という表にして子どもたちに教えています。ぜひ、これを身につけてください。たし算・ひき算の素地になる重要な部分なので、しっかりとやっておきましょう。

たとえば10は1と9、10は2と8、10は3と7、10は4と6、10は5と5、10は6と4といったように、1桁の数字で何と何を組み合わせると10になるか。**これを最**

いくつといくつ

2は	1と1 ●○					
3は	1と2 ●○○	2と1 ●●○				
4は	1と3 ●○○○	2と2 ●●○○	3と1 ●●●○			
5は	1と4 ●○○○○	2と3 ●●○○○	3と2 ●●●○○	4と1 ●●●●○		
6は	1と5 ●○○○○ ○	2と4 ●●○○○ ○	3と3 ●●●○○ ○	4と2 ●●●●○ ○	5と1 ●●●●● ○	
7は	1と6 ●○○○○ ○○	2と5 ●●○○○ ○○	3と4 ●●●○○ ○○	4と3 ●●●●○ ○○	5と2 ●●●●● ○○	6と1 ●●●●● ●○
8は	1と7 ●○○○○ ○○○	2と6 ●●○○○ ○○○	3と5 ●●●○○ ○○○	4と4 ●●●●○ ○○○		
	5と3 ●●●●● ○○○	6と2 ●●●●● ●○○	7と1 ●●●●● ●●○			
9は	1と8 ●○○○○ ○○○○	2と7 ●●○○○ ○○○○	3と6 ●●●○○ ○○○○	4と5 ●●●●○ ○○○○		
	5と4 ●●●●● ○○○○	6と3 ●●●●● ●○○○	7と2 ●●●●● ●●○○	8と1 ●●●●● ●●●○		
10は	1と9 ●○○○○ ○○○○○	2と8 ●●○○○ ○○○○○	3と7 ●●●○○ ○○○○○	4と6 ●●●●○ ○○○○○		
	5と5 ●●●●● ○○○○○	6と4 ●●●●● ●○○○○	7と3 ●●●●● ●●○○○	8と2 ●●●●● ●●●○○	9と1 ●●●●● ●●●●○	

1と1 ← となえかた

●○ ← ドット図を見てとなえましょう

初はおはじきやブロックなどで確かめながら、次に右ページのドット図を見て繰り返しとなえます。これも宿題にしています。

保護者の方に「『いくつといくつ』は、暗記するものですか?」と聞かれることがありますが、最終的には暗記ということになります。ただ、数の概念がわかったうえでの暗記です。**計算が苦手な子は、そもそも数を分けるという概念がありません**。2が1と1に分けられる概念がないのです。ですから最初はブロックなどを使って指導しています。

算数の世界では、何はなくとも10は大事！　これができれば、基本的な計算はとても楽になりますし、一生使えるものになりますよ。

繰り下がりのあるひき算ができません

繰り下がりのあるひき算は、１７２ページでご紹介したさくらんぼ計算でもできますが、いちばん速いやり方があります。それが10からひいて、たす方法です。

【12－4の場合】

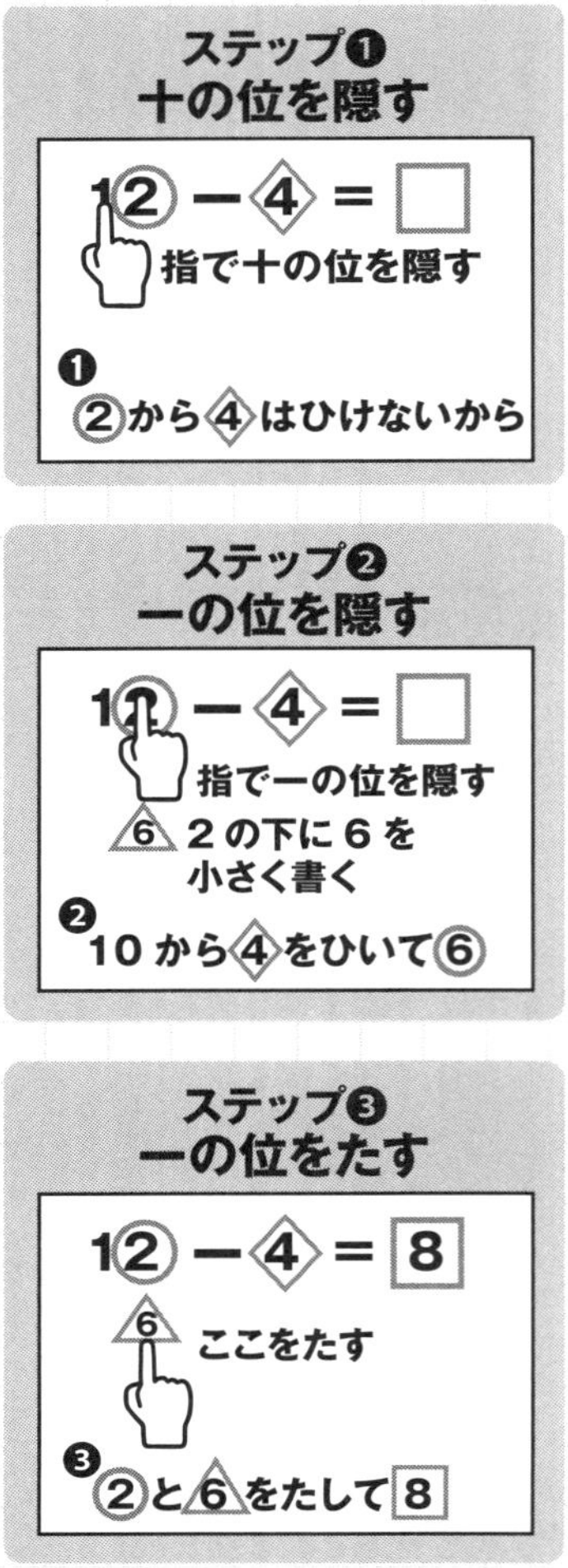

ステップ❶
十の位を隠す
12－4＝□
指で十の位を隠す
❶
②から④はひけないから
ステップ❷
一の位を隠す
12－4＝□
指で一の位を隠す
6 ２の下に６を
小さく書く
❷
10から④をひいて⑥
ステップ❸
一の位をたす
12－4＝8
6 ここをたす
❸
②と6をたして8

まとめ

1②－◇4＝□8
△6

②から◇4はひけないから

10から◇4をひいて⑥

②と△6をたして□8

どうですか。この方法も、**173ページで紹介した、「いくつといくつ」、つまり、〝何と何で10になるか〟がパッと出てこないとできるようになりません。**

でもできるようになると、がぜん、算数が面白くなってきます。「できた！」という達成感と喜びがあれば、算数が苦手、などということはなくなるはずです。

文章題が苦手です

これは本当にお母さんお父さんからよく相談されます。算数の文章題に苦手意識を一度持ってしまうと、中学生になっても引きずってしまいます。ぜひ今のうちに解消しておきましょう。

文章題を読むときによく言われるのが、「問題文に線を引きましょう」というもの。その通りなのですが、**子どもにやらせてみると、ほとんどの文章に線を引いてしまい、結局、何が大事なのかわからなくなってしまうことも（笑）**。これでは、何を問われているかわからず、いきなり解き始めてしまうことと同じです。

線を引くポイントは、

・**数字が入っているところ……普通の線を引く。**

・**求めたいところ……波線を引く。**

・最後に答えとなるところの助数詞（個・人・本など）に丸をつける。

普通の線と波線、丸などと描き分けているのは、区別するため、混乱を防ぐためです。

実際の問題で見てみましょう。

あかいかさが4ほん、あおいかさが3ぼんあります。
あわせてなんぼんありますか。

という問題。線を引くと、以下のようになります。

あかいかさが4ほん、あおいかさが3ぼんあります。
あわせてなんぼんありますか。

こうすると、大事なことを見落とさずに式を立てることができます。

もう1つポイントとなるのが、ものの数え方（助数詞といいます）を知ることです。今の問題にもあったように、**1本2本、1個、1枚、1台、1箱、1つなど、ものによって数え方が違いますよね。**子どもはこれが文章題に入ってくるだけで、わからなくなってしまうことがあります。

小学校1年生ではまだ、なんでも1個2個と数えてしまう子が多くいます。**日常生活のなかで、お母さんお父さんがなるべくものの数え方を正確に話し、お子さんにも教えてあげるようにしましょう。**

教えてハチ先生!

小学1年生の「こんなときどうする?」

Q&A

Q どんなに言っても、宿題や明日の準備を自分でやりません…。

A 1年生は一緒にやるスタンスが大事

お母さんお父さんのなかには「言えばやれる」と思っている方がかなりいらっしゃいます。でも1年生のうちはまだ、**親子で一緒にやるスタンスが大事です。**これは宿題に限らず、明日の準備などすべてに通じることです。今、習慣をつけておけばあとが楽ですし、学年が上がってくれば、1人でやれるようになります。ここをおろそかにすると、「いつまでたってもやりません」「もう、自分が困ればいいのよ」みたいなことになってしまいがち。

「やってみせ　言って聞かせて　させてみて　ほめてやらねば　人は動かじ」という言葉がありますが、**1年生の場合は「やってみせ　やらせてみせて　確認が大事」とお伝えしています。**最初は一緒にやって、次に声かけをして、やがて1人でやれるようになっていけると良いですね。

Q 家や学校に忘れ物が多いです

A **忘れないような方法を考えましょう**

忘れ物には2種類あります。「家から学校への忘れ物」と「学校から家への忘れ物」です。「家から学校への忘れ物」は、前の質問と同じで、最初は親子で一緒にやるスタンスが大事です。一緒に明日の時間割を見ながら必要なものを用意しましょう。

これは入学前からできることで、幼稚園や保育園でも、「明日の持ち物」がありますよね。小学校入学が近づいたら、親子で一緒にやってみるのもおすすめです。入学後も、**毎日の積み重ねのなかで、一緒にやる→声かけをして見守る→1人で準備する。**これができるようになってほしいところです。

親御さんから「忘れ物は届けたほうがいいですか」と聞かれることもあります。一概にはいえませんが、忘れた物によっては届けてほしいと思うものもあります。たとえば水筒などは、子どもの健康にかかわるため、忘れてしまうと困ることがあります。一方で「忘れたら本人が困るだけだから届ける必要はない」「困った思いをすれば、忘れ物をしなくなる」という考えの親御さんもいます。**でも、忘れ物が続いたら意味がありません。**忘れても誰かが貸してくれたり、先生に叱られたりすることがなければ、本人は困っていないことになります。**大切なのは、「忘れないようにするために、次はどうしたら良いか」を親子で話すことではないでしょうか。**

「学校から家への忘れ物」もよくあります。水筒や宿題など、帰宅してから気がついて、放課後に取りに行こうとする子もいるでしょう。ただ学校によっては、防犯上の理由や職員が手薄などの理由で「取りに来ないでください」というところもあるようです。

子どもに忘れ物をしないように言い聞かせるのはもちろんですが、**たとえばランドセルを開けて「時間割が入っているところ」にメモを貼る、連絡帳に「たいそうふくをもちかえる」などお子さんがわかるように親御さんが書いておくなど工夫しましょう。**

それでもどうしても忘れ物が多い場合は、担任の先生に「帰るときに忘れ物がないか声をかけてほしい」とお願いするのがいちばん。もちろん、いつまでも先生に声かけしてもらうわけにはいかないので、期間を決めて、できるようになるまでという条件つきです。

低学年の場合、帰りの会は忘れ物チェックが定番です。机の中、机の横、ロッカーに忘れ物はないか担任も聞くようにしています。

Q 最後まで話を聞くことができません

A 家庭でも最後まで話を聞く練習をしましょう

ご家庭と家では状況が違うという前提がありますが、学校では当然、「最後まで話を聞きましょう」と子どもたちに伝えています。そのとき、同時に「質問は後で聞きます」と言うようにしています。

担任の先生が話をしているのに、それを遮《さえぎ》って出し抜けに質問をする子がいます。そうすると話が中断してしまい、場合によっては先生に注意されてしまいます。でも最後まで聞いた後、質問タイムを設けて質問させると、みんなにとって役に立つ質問であることが多く、「今の質問、良かったね」などとほめられることもあります。

先生が大事な話をしているのに友だちとおしゃべりをしていると、困るのはお子さん自身ですし、もしかしたら周りの友だちも聞こえなくて困るかもしれません。ですから学校では「最後まで話を聞いたほうがあなたにとって得だよ」という伝え方をしています。

話を最後まで聞く癖をつけることは、家庭でもできます。

たとえばお母さんとお父さんが話しているとき、子どもが割って入ってくることがありますね。そのときに最後まで話を聞くこと、人が話し終わってから、話しかけるように教えましょう。できれば日頃から（そういう状況ではないときに）伝えておくと良いですね。そのうえで**お子さんが待つことができたら、「ああ、ごめんね。待ってくれてありがとう。なあに？」など、ほめた上でじっくり話を聞いてあげることができます。**

Q 授業中、席を立ってしまいます

A 先生と協力しつつ、ツールを使う方法も

よく聞かれる質問ですが、学校と家庭ではどうしても状況が違うので、せいぜい「ちゃんと授業中は座っているんだよ」と言い聞かせることくらいで、親ができるアプローチがとても少ないのが正直なところです。現実的には先生とも協力しながらやっていくことになります。**学校でも1コマ45分、ずっと座りっぱなしにならないようにいろいろな活動を組み込むなど工夫をしています。**

そのうえで、なぜ授業中に席を立ってしまうのか、落ち着かないのかを本人に聞いたり、考えてみたりして対応を考えましょう。

たとえば椅子に座ると足をぶらぶらさせるなどして、何度注意をしても姿勢が保てないお子さんには、ツールを使ってみるのも1つの方法です。『センサリーツール

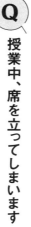

ふみおくん』というグッズの開発者の先生にインタビューさせていただいたことがあります。多動のお子さんや、集中力がない、落ち着きがないお子さんの椅子または机にゴム状の『ふみおくん』を張って、好きなだけ足で踏んでもらいます。ゴム製なので伸びて、心地が良いのです。

こうすると刺激になり、思う存分したい動きができて、かえって多動が落ち着いたり、離席がなくなったりすることがあるのです。全国の先生たちからも、「落ち着いた」という声が寄せられているとか。

どうやら発達障害かどうかにかかわらず、**落**

「ふみおくん」の開発者への
インタビュー動画

ち着きがなかったり動き回ってしまったりするのは、ある刺激が足りない、その感覚が好きで求めているということがあるようなのです。ちなみに鉛筆を噛んでしまうのも、その1つ。

こうしたツールを学校で使うことで、子どもたちが落ち着くことも。学校で使用したい場合は、担任の先生に相談してみましょう。

Q 大事なお便りを親へ渡してくれません

A 習慣づけと仕組みづくりが大切です

大事なお便りやプリントをなくしてしまった。どこにあるのかわからない。そもそも子どもがその存在を覚えていない（笑）。あとで探してみたら、机の中のお道具箱やランドセルの底にくちゃくちゃになって入っていた、などということも。そんなときにできることは、2つあります。

・**連絡袋にお便りを入れる習慣をつける。**

・**家庭では、学校から帰ってきたら〝お便りをこのカゴに入れる〟などの仕組みをつくる。**

カゴの置き場所はリビングなど、帰ったらすぐ目に付くようなわかりやすいところに置き、用が済んだお便りは、親が処分しましょう。最近では紙のお便りではなく、アプリなどを使うことも増えていますが、紙を使うこともまだまだあります。習慣がつくまでは「今日は何かお便りある?」などと声をかけましょう。

Q 提出物を先生に出せません

A 忘れない工夫をしつつ、担任の先生とも協力を

「宿題はやってあるのに、提出せずに持って帰ってきました（泣）」

「PTAの出欠票を出していないことを、連絡が来てはじめて知りました」

これもよく聞くお話です。提出物を出すこと自体を忘れてしまうのです。前項と同じで、「必ず先生に出してね」と言い聞かせ、子どもが目につくところにメモを貼っておくなどして、とにかく忘れないようにしましょう。

ただ、何度も続くようなら、担任の先生にも伝えておく必要があります。

私の場合、期日までに子どもたちに提出してほしいものがあるときは、いつも提出が遅い子は気にかけるようにしています。

宿題はもちろん、期日までに提出物を出すのは、社会人になっても必要なこと。今

から習慣づけさせてあげたいですね。

Q 登校後のランドセルの片づけが遅いようです

A 早く片づけると良いことがある、と前向きな声かけを

多くの小学校では朝、登校してくるとランドセルの中身をすべて机の中に入れ、ランドセルは教室後方のロッカーに入れる流れになっています。でもこれが、1年生には難しいことがあります。教科書をランドセルからうまく出せなくて、お店屋さんのように広げてしまう子も。

現場の経験では、登校するとすぐにランドセルはそのままで、周りの友だちとおしゃべりをしたり、遊んだりしてしまうことで、ランドセルの片づけが遅くなることが多いようです。

「早く片づけなさい」と叱るよりは、前向きな声かけが効果的。たとえば、学校のルールによりますが、「早く片づけたら朝、遊んでも良い」という学校なら、「片づけたらたくさん遊べるよ」などと言ってみましょう。

教室にいろいろなものがあって気が散ってしまうタイプのお子さんもいるので、学校でも気が散らないように環境を整えるなどの工夫をしています。家と学校では環境が違うのでなんとも言えないところですが、家でも同じように練習してみるのも1つ。**帰宅したらランドセルを開いて、必要なものは机の上に出し、ランドセルを家の所定の場所に置く練習です。**その際、好きなゲームやおもちゃなど子どもの気が散るものは周囲に置かないようにしましょう。

Q 鉛筆や消しゴムをすぐになくしてしまいます

A ハード面とソフト面の両方から対策を

低学年によく、箱型の筆箱が推奨されているのは、中身がひと目でわかるからです。なくなったものがすぐにわかるので、管理しやすいのです。

「うちの子は箱型筆箱を使ってもなくします」とおっしゃる方もいます。そこは、筆箱というハード面だけなく、ソフト面からの対応も必要です。

お子さんには「使ったら必ず筆箱に戻す(出しっぱなしにしない)」「鉛筆の本数がたりないと気づいたら、すぐに探す癖をつける」ということを繰り返し伝えてください。

なくしたことを責めるよりも、なくさないためにどうしたら良いのか、やるべきことを伝えてあげましょう。

Q お道具箱の整理整頓ができません

A お道具箱のどこに何を入れるか、ものの住所を決めておく

保護者会の後、教室のわが子の机の中をチェックしたら、お道具箱の中身がぐちゃぐちゃ……。使い終わったのりやセロハンテープ、いつ使ったのかわからない折り紙やプリントが入っていてびっくり！

でも考えてみてください。学校に置いてあるもので、本当に管理が大変なものは実はそれほどありません。基本的に幼稚園や保育園のときよりは、少し使うものが多いかな、という程度ですよね。そしてそのほとんどは、お道具箱の中にあります。

お道具箱の中身を見てびっくりされることはあるかもしれませんが、大丈夫です。お道具箱は、夏休み前など長期の休みの前にお家に持って帰ることになっているので、その際にしっかり補充してください。**補充するものは、色鉛筆、クレヨン、のり、セ**

ロハンテープなどです。

そして、お道具箱がぐちゃぐちゃだったお子さんには、

・お道具箱のどこに何を入れる、という「ものの住所」を決めておく

・使ったら元の場所に戻す癖をつける

ことを教えてあげましょう。お道具箱のものの住所は、仕切りなどを利用しながら、「この場所にはこれを入れる」など、お母さんお父さんが一緒に決めてあげると良いですね。

Q

1年生のうちは「理科」「社会」のことはまったく考えなくていいですか?

A

生活のなかで小さな気づきを大切にしましょう

理科・社会の2教科は、小学3年生から学びます。小学校1、2年生では「生活科」

という教科があります。

3年生の最初の時期の理科や社会は、この生活科の延長なので、心配しなくても大丈夫です。たとえば理科は、植物や虫などから入っていきます。社会は狭い範囲からどんどん範囲が広がっていくイメージで、3年生は、たとえば住んでいる町の消防署に見学に行くなど、自分たちの暮らしや住んでいる市区町村について学びます。ちなみに4年生になると都道府県、5年生になると農業などの産業、6年生になると政治経済や歴史、憲法など中学で学ぶものにも触れていきます。

ですので、1、2年生のうちから焦る必要はありません。ただ、日頃から生き物や天気や気象のこと、住んでいる町のことなどなんでも良いので、**身近なものや現象に対して「なんでこうなっているのかな」「これってどういうこと?」など疑問を持つことはとても良い学びになるでしょう。生活するなかでの小さな気づきを大切にすると良いですね。**

Q 運動が苦手です。「体育」の授業はどんなことをしますか？

A 運動の技能だけを見ているわけではありません

体育の授業というと、保護者の方はどうしても「運動の技能」を重視しがちです。運動が得意か不得意かを気にされる傾向もあります。

でも、学校での体育では、きちんと並ぶこと、ルールを守ること、みんなで仲よく協力して行うことなども大事な要素になっています。

運動の技能については気になるところかもしれませんが、文部科学省の小学校学習指導要領解説 体育編では、低学年においては「〇〇運動」ではなく「〇〇遊び」となっています。たとえば「水泳」ではなく「水遊び」、「マット運動」ではなく「マットを使った運動遊び」になっています。

つまり、低学年のうちは、基本的な動きを身につけ、運動遊びを通して、楽しく運動することが重要とされているのです。運動が得意なのは素晴らしいことですが、それよりもお互いにほめ合ったり、工夫した動きや行い方をお互いに見合ったりすることがとても大切です。技能面だけが大切なのではなく、ルールを守って仲よく参加できるか、運動の工夫ができるかということも大切です。これは6年間を通してずっといえることです。

ですから、技能面はそれほど心配しなくても大丈夫。それよりも、**お母さんお父さんが、お子さんに運動が苦手だという意識を植え付け、子どもが自信をなくしてしまうことのほうが問題です。**学校の授業中でももちろん指導はしますが、**体育に意欲的に取り組めるように声かけをしたり、苦手な動きをイメージしやすいように伝えてあげるなど、家庭でもぜひサポートしてあげてください。**

Q 親がPTAの役員をすると、子どもは優遇されるって本当？

A お子さんを優遇することはありません

PTAの役員をやられたからと言って、お子さんを優遇することはありません。ただ、**PTAになると、保護者が学校に足を運ぶ機会が増えるため、子どもの学校での様子がよくわかるメリットはあります。また、先生たちとコミュニケーションをとることも多く、仲よくなりやすいということはあるでしょう。**

それよりも、PTAの役員をなかなか引き受けてくださる人がいないほうが問題です。なかには喜んで引き受けてくださる方もいますが、正直なところ、そういう方はとても少なく、多くは気が進まない中で引き受けてくださっています。学校によって、くじ引きやじゃんけん、ポイント制だったり、頼まれたり推薦されたりなど、選出される方法はさまざまです。

なかなか役員が決まらずに、担任やＰＴＡ役員の前任者などから保護者に個別に電話して頼む場合もあります。これはお互いにとても気が重いことですよね。

私自身も小学生の娘の保護者ですが、ママ友と「来年、一緒に立候補しない？」と誘われたこともあります。仲よしのママ友と一緒に役員をやれば、会っておしゃべりもできますよね。最近ではＰＴＡの存在自体も問われていますが、たとえば６年間のうち一度か二度、役員をやらなければならないルールがあるのであれば、前向きにやれる理由を見つけて、気持ちよく引き受けたいものですね。

Q

予習・復習は必要ですか?

A

予習はいりません。復習は、宿題をきちんとやれば十分

予習は特に不要です。算数は、先取りしなくてはいけないのではと思われがちですが、**実は算数は〝新しいことを知らないとできない〟教科ではありません。実際はその逆で、習ったことの積み上げで進んでいく教科です。**

たとえばかけ算の勉強は、最初はたし算を使って答えを求めます。このように1つずつ習ったことを理解し、それを土台にして積み上げていきます。

そういう意味では、やるなら予習よりも復習です。ただ、あえて復習をする必要はありません。基本的に宿題は、習った内容から出されることがほとんどなので、宿題をきちんとやれば十分です。

Q ノートの取り方は教えてくれますか？

A マス目黒板などを使ってきちんと指導します

はじめは、いわゆる一般的な罫線がついているノートを使うのではなく、マス目のノートを使っています。

たとえば「1マス空けて」とか、「ここに何を書いて」ということは、先生がノートと同じようなマス目がついている「マス目黒板」という小さい黒板を使って、どのマスに何を書くのか指示しています。子どもはそれを見てノートが取れるように指導していますので、まずは安心してください。

ノートの取り方というと、一般的には高学年くらいの年齢をイメージすると思います。高学年になったら、自分で考え、工夫をしてノートを取ることも必要でしょう。でも低学年のうちはまだその段階ではありませんので、大丈夫ですよ。

Q 授業のスピードについていけるか不安です。

A 授業のペースはそれほど速くありません

小学校に入学して夏休み前くらいまでは、おそらく保護者の方が思っているよりは、授業のスピードはゆっくりペースです。たとえば、最初のうち、ひらがなは一日一字ずつ教えます。

ただ、実際にお子さんが授業についていくことができているかどうかは、担任の先生に聞かないとわかりません。

お子さんによっても個人差があります。学習内容がわからなくてついていけないということだけでなく、黒板に書いてある文字を写すスピードが遅い、授業の準備や片づけが遅い、ほかのことをしていて出遅れてしまったなど、理由もそれぞれです。気になる場合は遠慮なく担任の先生に聞いてみましょう。

Q 通知表はどういう基準でつけていますか?

A 学習の到達度によってつけています

小学校の通知表は、中学校の内申点などと比べて大きな影響があるわけではありませんが、気になりますよね。

通知表での評価は、「知識・技能」「思考・判断・表現」「主体的に学習に取り組む態度」の3つの観点があります。単元ごとに、ここまでできたらA、ここまでできたらBというように評価をし、通知表では、主に◎（よくできる）、○（できる）、△（がんばりましょう）、といった3段階で評価しています。

どんな評価がつけられたかよりも大切なのは、親が評価をどう見るか、です。3段階の評価だけでなく、担任からの所見（コメント）などにもぜひ目を通しましょう。

私たち教師は基本的に、評価をつけるとき「なぜこの評価をつけたのか」を説明できるようにしています。たとえば、「なぜここの評価が△なのか」など疑問に思うことがあれば、担任の先生に聞いてください。「どうしたら△が○になりますか」と聞いてみるのも良いでしょう。

よく聞かれるのが「ほとんど○（またはできる）だったのですが、どうしたら◎（またはよくできる）がつきますか」という質問。つまり評価が平均的で、良くも悪くもない。これはこれで気になるようです。**なぜその評価になったのかについては、成績をつけた担任の先生にしか答えられないこと。クレームという意味ではなく、わからないことを聞いてみる、というスタンスで質問すると良いのではないでしょうか。**

Q タブレットを使う授業についていけますか?

A 子どもの習得はかなり早いので、練習しなくて大丈夫

タブレットは1年生から使います。自治体にもよりますが、授業にICT(情報通信技術)の先生がいて、教えてくれる場合もあります。最初はお絵描きのようなものからスタートして、3年生になるとローマ字を習うので、ローマ字入力の練習もします。

小さいころからデジタルデバイスに触れてきた今の子どもたちは、こうしたものへの習得が早いので、前もって練習しなくても大丈夫です。

また、紙の学習とタブレットの学習の違いについてもよく聞かれますが、それぞれメリット・デメリットはあります。**タブレットは子どもが熱中しやすいですし、やりたいという気持ちから習慣化しやすいメリットがあります。ただ、鉛筆を持ってきち**

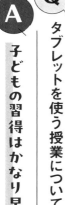

んと書かせるには、当然、紙の方が優れています。それぞれの良さを知って、学習に活かしていきましょう。

エピローグ――「はじめて」は誰でも不安

私自身も小学2年生、年長の娘をもつ母で、この本を手にとっていただいた皆様と同じ1人の保護者です。

長女が小学校に入学したときには、仕事柄、小学校のことを知っているとはいえ、とても不安になったことを覚えています。

いちばん不安になったのが、小学校で過ごす子どもの様子が全然わからないこと。

「先生のお話をきちんと聞けているのかな」

「勉強についていけているのかな」
「給食は残さず食べているのかな」
「休み時間は友達と遊んでいるのかな…」

保育園のときには、送り迎えで子どもが園で過ごしている様子を見たり、普段の様子など気になったことを担任の先生と少しお話ししたりと、子どもの様子がよくわかりました。

一方、小学校は、子どもだけで登下校することが多いので、担任の先生と顔を合わせてお話しできるのが、学校行事や個人懇談のときくらいです。学校の情報を得られるのは、お子さんやママ友からの話、学校から配付されるお便りからになってしまいます。

子どものことや、持ち物のこと等、担任の先生に聞いておこうというとき、小学校と幼稚園、保育園では、先生への質問のしやすさが全然違います。

そんなとき、私がはじめて小学1年生を担任した年のことを思い出しました。学校生活のことや持ち物、これってどうしたらいいの？　という小さな質問から、友だちとのトラブルまで、保護者の方からたくさんのご質問やご相談を受けました。よくよく思い返してみると、偶然にも、第一子のお子さんが多いクラスでした。

誰でも「はじめて」のことは、緊張したり、不安になったりしますよね。

小学1年生の担任経験や、自分自身の子育ての経験からお母さんお父さんが不安になってしまうのもよくわかります。

小学1・2年生の担任経験の多い私は、多くの保護者と連絡帳や電話、懇談などで、多くの相談に乗ってきました。

また、Instagram、TikTok、YouTubeで13万人を超えるフォロワーさんからいただく質問で、最も多いものが、

「こんな些細なこと、学校の先生に聞いてもいいんですか？」

というもの。

内容としては、学校生活でのお悩み、国語や算数などの勉強のつまずき、友だちとのトラブル、宿題のやらせ方など。

「遠慮しないで、どんどん相談してくださいね」

と伝え、具体的なアドバイスをすると、フォロワーさんはとても安心されました。

また、担任の先生になかなか相談できなかったという方は、

「小学生なんだから、もう自分で何とかしないといけないと思っていました」

と。

いえいえ、そんなことはありません。

お母さんお父さんと手を取り合って、学校と家庭で一緒に、子どもたちを育てていきたいですね。私が10年以上小学校教師として勤めてきて、一番嬉しいことが子どもの成長を間近で見られることです。その成長をお母さんお父さんにお伝えできるのも本当に嬉しいことです。

それから、1年生になるお子さんたちは、小学生は「はじめて」です。だから、はじめから完璧な1年生でなくていいんです。

1年生は、1年かけて1年生になります。

はじめは、できないことや苦手なこと、つまずきもあると思います。もちろん、はじめてのことで不安や緊張、とまどいもあります。

つまずいたって大丈夫です！

それを繰り返し取り組んだり、少し戻って学習したりする時間の余裕があるのが1年生。お母さんお父さんも、お子さんも心配しないでくださいね。

1年生の夏休みを過ぎる頃には、学校生活に慣れ、だんだんと小学生らしい顔つきになってきますよ。

「これってどうしたらいいの？」
「担任の先生に相談したいけれど…」
「子どもが使いやすい文房具はある？」
「うちの子、ここでつまずいているみたい」

小学1年生の「はじめて」のことで不安になったり、疑問が出てきたりしたときには、いつでもこの本を開いてくださいね。また、お子さんの学年が上がっても、学校生活のこと、勉強のことなど、心配なことが出てくることがあると思います。そんなときにも、ヒントがあるかもしれません。

今からでは遅い、ということはありません。
つまずいても大丈夫！　いつでも戻れます。

この本が、小学校低学年のお母さんお父さんのバイブルになったら嬉しいです。

10年以上の現役小学校教師であり、
小学生になる娘をもつ私が、

小学校入学前の不安が

少しでも軽くなるように
小学1年生の学校生活が
もっと楽しくなるように
応援しています。

小学校教師ハチ

10年以上の現役小学校教師。そのうちの半分が小学1・2年生担任で、低学年担任としてのスキルや経験が豊富。また、小学生をはじめとする娘たちの子育て中。その経験を生かし、各種SNSで、小学校入学前から低学年のお子さんをもつママのお悩みを解決するコンテンツを発信している。勉強や学校生活のお悩みの解決法、お子さんが使いやすい文房具や学用品の紹介が人気を集めている。現在では、Instagram 7.7万人、TikTok 3.1万人、YouTube 2.2万人、総フォロワー数13万人以上。

88TEACHER888

いちねんせいになったら大全

入学準備から入学後の学校生活まで「困った」「不安」をまるごと解決

著　者	小学校教師ハチ
発行者	真船壮介
発行所	KK ロングセラーズ 新宿区高田馬場 4-4-18　〒 169-0075 電話（03）5937-6803㈹ https://kklong.co.jp/
編集協力	樋口由夏
装　　丁	冨澤崇 (EBranch)
本文デザイン	佐古鮎子
イラスト	関根ゆかり
印刷・製本	中央精版印刷㈱

落丁・乱丁はお取替えいたします。※定価はカバーに表示してあります。

ISBN978-4-8454-2543-3 C0077　Printed in Janan 2025